천천히 자연속으로

자연과 친구되는 50가지 이야기

레이첼 윌리엄스 글

프레야 하타스 그림

이소을 옮김

천천히. 멈추고. 귀 기울여봐.

"안녕? 짹짹"

이른 아침 햇살을 받으며 창밖의 한 마리 새가 인사를 하네요. 그리고 새벽의 하모니 속으로 날아들어 갑니다.
일 년 내내 들리던 그 노래는 숲으로 흘러가 기나긴 밤 사냥을 위로하는 자장가가 되어 작은 올빼미를
잠들게 합니다. 그 무렵 무당벌레는 마지막 아침이슬을 마시지요.

우리를 두르고 있는 자연은 변화하고 성장하며 경이로운 일들을 하고 있답니다. 매일, 매시간,
기적 같은 일들이 우리 눈앞에서 일어나고 있어요. 하지만 언제나 쉽게 볼 수 있는 건 아니에요.

이 책은 언제나 우리 곁에 있는 자연의 이야기를 가득 담고 있습니다.
나비가 번데기로부터 나오거나 다람쥐가 겨울나기를 위해 도토리를 저장하는 것처럼 며칠 몇 주에
걸치는 이야기도 있고, 해가 뜨거나 구름이 움직이는 것처럼 순간의 이야기도 있답니다.

모든 이야기를 즐겨 보세요. 책장을 열고 멈추어 가만히 바라보세요.
그리고 밖으로 나가, 천천히 시간을 음미할 때 발견하게 되는 것들을 만나 보세요.

벌과 꽃의 이야기

벌은 꽃의 수분을 돕는 중요한 일을 한답니다~

수분이 없다면, 식물은 번식할 수도, 열매를 맺을 수도 없답니다.
벌이 꽃에서 꿀을 딸 때는 꽃의 수컷 부분인 '수술'에 있는
꽃가루가 벌의 온몸에 있는 털에 달라붙습니다.

그리고 다음 꽃에 방문했을 때, 꽃가루는 꽃의 암컷 부분인
'암술'에 내려앉게 됩니다. 이 순간, 수분이 이루어진답니다.
햇살 밝은 봄의 정원에서 이 재미있는 순간을 만나 보세요!

꿀벌 한 마리가 더듬이를 사용해서 정원에서 가장 달콤한 꽃을 찾고 있습니다.

벌은 종류마다 다른 종류의 꽃을 좋아한답니다.

꽃 속의 꿀을 지그시 바라보더니, 이내 긴 대롱 혀를 쩔러 넣고 깊게 들이마시고 있네요.

꽃 위에 앉아 꿀을 마실 때 수술과 닿은 다리에 꽃가루가 붙고 있어요.

이번엔 다른 꽃으로 날아왔어요. 꿀에 빠져들자, 다리에 붙어 있던 꽃가루들이 떨어져 꽃의 암술에 내려앉습니다.

이 꽃은 이제 수분이 되었어요!

정원의 다른 곳을 탐색할 준비가 되었는지 다음 꿀을 찾기 위해 고개를 드는군요.

붕~ 이제 다음 꽃을 향해 날아가네요!

13

잎새 위에 이슬이 맺힐 때

이른 아침, 잎새에 맺힌 이슬처럼 반가운 것이 또 있을까요?

차가운 아침 공기 속에서 잎사귀들이 작은 물방울들을 모으고 있습니다.

지난밤 비 때문일 거라 생각할 수도 있겠지만, 실은 '응결'이라고 부르는 현상 때문이랍니다.

동트기 전, 잎들은 찬 공기를 머금고 공기 중의 습기는 물로 변하지요. 그리고 동이 트면, 이슬로 맺혔던 물은 다시 공기 속으로 돌아가게 된답니다. 새벽을 가만히 지켜보세요....

새로운 날이 기지개를 켜고 있어요. 정원의 모든 잎이 태양을 바라보네요.

차가운 밤공기에 의해 잎사귀들이 차가워지고 있어요.

공기 속의 습기가 물로 바뀌더니 이슬이 되어 잎새 위에 오이고 있네요.

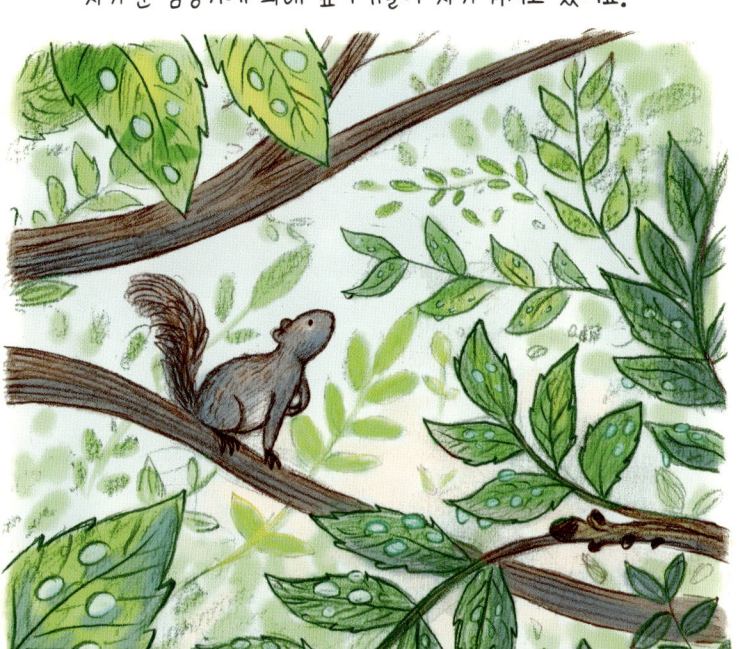

겨울이 오면, 이슬이 얼어 버리는데 이것을 우리는 '서리'라 부릅니다.

작은 이슬들이 송알송알 맺히더니 잎의 끝자락에 모여드네요.

커다란 물방울이 되더니 또르르 툭! 하고 떨어집니다.

아침이 밝아 오니, 이슬이 거의 말라버렸군요. 내일 다시 만날 수 있을 거예요~

번데기에게 생긴 일

"아름다운 나비가 되기 전에는 잎사귀들을 닥치는 대로 오물오물 먹어 치우던 애벌레였다." 라는 이야기를 들어 봤을 거예요. 그런데 번데기일 때는 무슨 일이 일어날까요?

나비의 번데기는 누에고치처럼 단단하게 보호되는 통처럼 생겼어요. 이곳엔 '변태'라고 불리는 복잡한 과정이 숨겨져 있죠. 애벌레는 번데기 안에서 두 눈과 날개, 다리 그리고 몸 구석구석이 성장하며 변신을 하게 됩니다.

2주가 지나니 두툼하고 비단 같던 표면이 투명해지기 시작하고 화사한 날개와 더듬이가 비쳐 보입니다.

나비가 날개를 얻어 세상으로 날아오를 날이 다가오고 있네요!
삶을 여행하기 위해 준비하는 듯한 이 기적과 같은 순간을 눈에 담아보세요....

양전히 매달려 있는 번데기 안에서 나비의 화려한 날개가 움직이는 것이 보이나요?

갓 나온 나비의 날개는 작고 쭈글쭈글 합니다. 옴이 물을 머금고 불어 있군요.

가장 먼저 나비는 빨대처럼 꿀을 빨아 먹게 될 대롱 입을 다듬습니다.

그리고 날개로 피를 흘려보내 활짝 널찍하게 펼쳐냅니다.

번데기에서 나온 지 한 시간이 되었네요.

이제 날개를 사용할 준비가 끝났대요.

3~4시간이면 날아다니는 방법을 터득할 거예요. 그다음은 음식을 찾아야 합니다. 그리고 아기를 갖기 위해 짝도 찾아야 한답니다.

나비의 긴 여정 가운데 잠시 쉬어 가는 시간이 왔어요. 가까이에서 크고 붉은 꽃의 꿀이 나비를 부르고 있네요~

엄마 오리의 수영 교실

새끼 오리는 멋진 수영을 위한 비밀 무기, 아주 커다란 물갈퀴 발을 가지고 있지요~

수영을 배우기 위해 연못, 호수 또는 강으로 가기 위해서는 그전에 적어도 하루 동안은 둥지에서 시간을 보내야 한답니다. 어른과 다르게 새끼 오리들은 아직 방수되는 깃털을 가지고 있지 않기 때문에 물에 의해 체온이 떨어지지 않으려면, 엄마 오리의 꼬리에서 나오는 풍성한 오일로 새끼의 몸을 마사지해 줘야 하거든요.

다 함께 둥지에서 뒤뚱뒤뚱 나오더니 무리 지어 가네요. 엄마의 지도에 따라 조심하면서요.
물놀이 첫걸음을 위해 청둥오리 새끼들이 엄마 오리를 따라가는 것을 보세요....

엄마 오리는 엄마처럼 하라는 듯 꽥꽥거리며 앞서가고 있고 그 뒤로 여덟 마리의 새끼 오리가 따라가고 있어요.

물가에 다다르자, 엄마 오리는 물속에서 어떻게 움직이는지 한 바퀴 돌며 천천히 아기들에게 보여줍니다.

새끼오리들이 가까이 다가와 보고 들으며... 물 위에 뜨는 법을 배우네요.

한 마리
한 마리씩
차례대로
따라
들어갑니다.

그러고 나서 엄마 오리는 먹이를 찾기 위해 물속으로 머리를 집어넣습니다.

새끼 오리의 물갈퀴 발은 물속에서 아주 멋지게 움직인답니다. 마치 그물처럼 펴지고 노처럼 움직이며 앞으로 나아가게 해주죠.

오리의 부리는 진흙이나 물속에서 벌레나 작은 생물과 같은 먹이를 찾고 가려내기 좋게 생겼습니다.

수영에 자신감이 생기면, 새끼오리들은 엄마 오리를 따라 멋지게 줄지어 갈 수 있을 거예요.

두 달쯤 지나면, 날 수 있을 만큼 성장할 거예요. 그리고 그들만의 새로운 둥지를 찾아 떠나게 되겠지요~

거미의 뜨개질

강철보다 강하지만 깃털보다 가벼운 거미줄은 자연의 신비랍니다~

몇 세기 동안, 과학자들은 무엇이 거미줄의 강도와 탄성을 만들어내는지 알아내려 했답니다. 그러나 아무도 거미줄과 같은 것을 만들어 낼 수는 없었죠.

그저 거미줄이 만들어지는 것을 보며, 거미가 기가 막힌 기술자라고 이해할 수밖에 없답니다.

거미줄은 실크를 뽑아내는 기관 '방적돌기'와 8개의 다리로 매우 재빠르게 만들어집니다. 해가 저물자마자 시작해 두시간이면 완성되죠. 아침 식사 거리를 잡거나 위험으로부터 거미를 보호하기 위해 사용되는 거미줄은 한 가닥의 실이 걸쳐지며 만들어지기 시작합니다. 해 질 녘 뜨개질하듯 거미줄 짜는 거미의 일상을 관찰해보세요!

거미가 네 번째 다리로 분비샘에서 실을 뽑아내기 시작합니다.

거미는 바람을 이용해서 실을 날려서 건너편 나뭇가지에 걸리게 합니다. 그리고 그사이를 몇 차례 왕복하여 8가닥 정도의 튼튼한 거미줄을 만듭니다.

중심에서 사방으로 퍼지는 모양으로 가닥을 더하더니...

소용돌이 모양으로 실을 뽑네요.

안쪽으로 들어가면서, 다리를 이용해 동심원을 만들어 갑니다.

달빛 아래의 거미줄은, 방심하고 날아드는 파리 같은 먹잇감에는 거의 보이지 않을 거예요.

나선의 중심 부분으로 가서는 끈적끈적한 실로 마무리합니다.

진동을 감지하고 거미가 거미줄의 중심으로부터 재빠르게 튀어나오네요.

그리고 짧은 중간 다리들을 사용해 희생양을 빠르게 돌돌 굴리며 실로 감아버립니다.

완전히 포박하고 나서는 먹이를 물어 독을 주입합니다.

끈적함이 사라진 거미줄은 먹어 치워서 단백질을 보충한다네요. 이제 내일을 위해 또 다른 거미줄을 준비할 거래요~

새벽의 노랫소리

아침을 여는 새들의 노랫소리가 아직 어둠이 깔린 창밖에서 들려오고 있어요~

어스름한 새벽은 아침을 먹기 좋은 시간이 아니기에 좀 더 밝아올 때까지 노래자랑을 하기로 했나 봅니다.

새들의 영토를 지키는 이 공연은 짝을 찾는 데도 도움이 된답니다.

여기, 잔뜩 배를 채운 수컷들이 강렬하고 감동적인 노래를 부르고 있네요. 가장 좋은 목소리를 가진 수컷이 암컷에게 선택되는 것이 놀라운 일은 아닐 거예요. 튼튼하게 새끼들을 키우는 데 도움이 되는 아빠라는 게 확실하니까요. 전 세계 어느 곳에 살고 있느냐에 따라 다른 모습의 공연을 보게 될 거예요. 자, 오늘은 영국의 작은 정원에서 새벽의 노래를 만나보세요....

해뜨기 한 시간 전, 개똥지빠귀와 찌르레기가 노래를 시작하네요. 이 새들은 이른 아침 빛을 민감하게 감지하는 큰 눈을 가지고 있어서 맨 처음 노래를 시작하곤 하죠.

큰 눈은 땅속을 기어 다니는 맛있는 벌레를 찾아내는 데도 도움이 된답니다.

'치어리 치어로 치어리'
개똥지빠귀의 노래가 이른 새벽의 공기를 가릅니다.

내려앉으며 '찌르 찌르'
날아오르며 '버디 버디'
찌르레기도 함께 하네요.

다음으로 추운 밤엔 숨어있다가 동틀 녘 나온 굴뚝새와 휘파람새의 노랫소리가 들리네요.

'추르 추르 추르' 아침이 충분히 밝아오면, 마지막으로 작은 눈을 가진, 참새처럼 곡물을 먹는 새들도 노래한답니다.

새들은 대답을 들으려는 듯 종종 노래에 간격을 준답니다. 어디에 경쟁자가 있는지 어떤 암컷들이 그들을 주목하고 있는지 알기 위해서요.

이렇게 오늘도 차들이 모퉁이를 돌고 버스가 달리기 전, 세상은 새들의 노랫소리와 함께 깨어난답니다.

여름날의 폭풍우

어둑해지는 하늘, 몰아치는 바람, 하늘 가득 메우는 구름,
낮게 우르릉거리는 소리가 폭풍우가 다가옴을 알려 주네요....

높게 우뚝 솟은 구름이 여름 해를 가립니다.
번개가 번쩍하고 천둥이 낮게 대답하더니 비가 내리네요.
폭풍우가 왔어요!

천둥은 번개가 공기를 가르며 구름에서 땅으로 여행할 때 만들어집니다. 이때 공기의 떨림으로 만들어진 소리가 천둥이랍니다.
빛이 소리보다 빠르기 때문에 우리는 번개를 먼저 보고 나서 천둥소리를 듣게 되는 거예요.
번개, 바람과 비 그리고 천둥소리만큼 드라마틱 한 광경은 없을 거예요.

번개가 번쩍이네요. 이제 천둥소리를 듣게 될 거예요. 우르르 꽝!　　　　　　다시 우르르 꽝!

번개는 전기 에너지랍니다.
뇌운 안에 얼어있던
울방울은 공기 중을 떠돌여
서로 부딪힙니다.

이 충돌은 전기를 만들어 내어
"번쩍!" 땅을 강타하는
번개 벼락이 된답니다.

천둥과 함께 비가 오기 시작하더니   마구 쏟아져 내립니다.

땅 위에 물웅덩이들을
만들어 내더니 그제서야
비가 잦아드네요.

구름 사이로 다시 해가 빛나기 시작합니다. 폭풍우 후에 평온한 저녁이 왔네요....

다람쥐의 월동 준비

가을이 오고 잎이 떨어지더니 공원에 사는 회색 다람쥐 한 마리가 월동 준비를 위해 도토리를 고르고 있네요~

실한 도토리를 골라야 해요. 너무 크지도 작지도 않아야 하죠. 가장자리까지 잘 익어 있어야 겨울에 냄새로 찾기도 쉽고 먹기도 좋답니다. 도토리를 숨겨둘 완벽한 장소를 찾아야 해요. 기억하기 좋고, 다른 배고픈 다람쥐들로부터 충분히 멀리 떨어진 곳 말입니다.

석 달이 지나 공원이 눈에 덮이면, 다람쥐는 다시 돌아와 저녁 식사용으로 도토리를 파낼 거에요. 도토리를 숨기고, 찾아내어 야금야금 맛있게 식사하는 모습을 보세요....

다람쥐 한 마리가 통통하고 벌레 먹지 않은 완벽한 도토리를 찾았네요.

빨간 단풍잎 더미 위에 서서 부드러운 흙을 파내어 작은 구멍을 만들더니 도토리를 물은 후 뒷발로 다지고 있어요.

어디에 숨겼는지 잘 기억하고는
다음 도토리를 숨기기 위해 이동합니다.

과학자들은 다람쥐가 도토리를 묻었다가 다시 묻는 것을 발견했지요. 어디에 숨겼는지 기억하기 위해서일 수도 있고 숨긴 것을 보호하는 전략일 수도 있다고 합니다.

도둑이 걱정된다연, 도토리를 덤불 아래나 진흙탕처럼 가까이 가기 힘든 장소에 숨길 거예요.

겨울이 오자, 다람쥐가 떡갈나무 아래에 있는 저장소를 찾아왔네요.

30센티 눈 아래에 있어도 냄새를 맡을 수 있대요. 파내기 시작합니다.

계속 파고 또 파냅니다.

드디어 보물을 찾았네요!

우적우적 먹더니 다음 저장소로 이동하고 있어요.
집에 있는 아기 다람쥐들에게도 가져다줄 거래요~

박쥐의 밤 사냥

세계 최고의 비행사 중 하나는 해 질 녘 일어나 하루를 시작하는, 새가 아니라 박쥐랍니다~

낮에 쉬는 동안엔 거꾸로 매달린 자세로 날아갈 준비를 합니다. 넓찍하고 탄력 있는 날개, 기다란 귀를 가진 박쥐는, 깊은 밤 숲속을 활공하며 날아다니는 먹이를 잡을 수 있는 세계 최고의 날짐승으로 여겨지죠.

모든 종의 박쥐는 '초음파 감지'라는 어둠 속에서도 볼 수 있는 특별한 사냥 기술을 사용합니다.
특히 박쥐는 커다란 귀로 예민하게 들을 수 있어서 곤충의 작은 움직임도 정확하게 찾아낼 수 있답니다.

해가 떨어지자, 나무 구멍 안에 매달려 있던 박쥐 한 마리가 깨어납니다.

날개를 퍼덕이여 나오네요. 사냥 준비 중입니다.

박쥐는 초고음의 소리를 내고 되돌아오는 메아리를 듣습니다.
물체에 튕겨 나오는 소리를 듣고 날아갈 위치를 잡는 거죠.
이것을 '초음파 감지'라고 부릅니다.

가까이 있는
나방의 움직임을
쫓고 있네요.

그리고 눈 깜짝할 사이에...

나무로부터
조용히
날아 나와
활공합니다.

날아가는 나방을 잡았네요. 그리고 한입에 죽입니다.

이 놀라운 달빛 아래 광경은 오늘 밤 여러 차례 일어나게 될 거예요.
먹으면서 날아가여 다음 먹잇감의 소리를 듣고 있네요....

비 온 후 무지개

비가 그치고, 뜬 햇빛이 밝고 영롱한 무지개를 데려왔네요~

화려한 무지갯빛은 마법 같아 보이지만, 사실 알맞은 장소와
시간이면 언제든 볼 수 있는 단순한 빛의 색상일 뿐이랍니다.

어떤 장소에서 보느냐에 따라 다른 색들로 구성되어 있기도 하고, 다른 각도로 굽은 무지개로 보일 수도 있답니다.
가장 좋은 시간은 이른 아침이나 늦은 오후처럼 해가 낮게 떴을 때입니다. 평온히 앉아 회색빛 하늘에 뜬 무지개를 감상해보세요....

소나기가 지나고 맑게 개면, 해를 등지고 서 보세요.

그리고 하늘을 올려다보세요.

햇살이 빗방울을 비추면, 하얀빛은 빗방울 속에서 꺾이며 반사된답니다. 그리고 그 빛은 여러 갈래의 색상으로 나뉘게 되지요.

빨강, 주황, 노랑, 녹색, 파랑, 남색 그리고 보라색의 둥근 우지개네요.

마법 같은 우지개가 우리들 바로 앞에 떴어요!

이제 비가 완전히 갰어요. 우지개도 사라져가네요….

덤불 열매 따 먹는 여우

동물의 왕국에선 도시에 사는 여우가 최고의 식사를 즐기기도 한답니다~

능숙한 사냥꾼인 여우는 토끼, 쥐, 새, 개구리 그리고 지렁이를 잡아먹는데, 아무것도 찾지 못하면 쓰레기통을 뒤지기도 한대요. 그러나 무엇보다도 블랙 베리 덤불을 따먹는 것을 무척 좋아한대요.

과일은, 여우에게 최고의 음식입니다. 과일을 얻기 위해 나무를 오르거나 덤불 아래서 뒷다리로 서기도 한답니다. 늦여름, 과즙이 풍부하고 잘 익은 블랙베리는 어린 여우에게 최고의 간식거리지요. 여우가 동네를 어슬렁거리며 열매를 따 먹는 것을 구경해보세요~

태양이 블랙베리 나무가 있는 정원을 따스하게 비추고 있습니다.

덤불 속 열매를 발견하자, 어린 여우는 뒷다리로 몸을 세우네요.

조심스럽게 앞발을
사용해 가장
잘 익은 열매를
찾아냅니다.

기다란 주둥이를 이용해 코 위에 열매를 부드럽게 떨어뜨립니다.

냠냠! 쩝쩝! 할짝! 다 먹었네요.

여우는 동물과
식물 둘 다 먹는
잡식성이랍니다.

이제, 어둠이 드리워지고 있어요. 이제 밖으로 나가 메인 요리를 사냥할 시간이랍니다.

눈꽃 송이 내리는 날

눈은 결정의 모양이 다 다르다는 걸 아시나요?
한 개의 눈꽃이 만들어지는 과정을 보면 왜 그런지 정확하게 이해할 수 있답니다~

하늘에 있는 아주 차가운 물방울이 꽃가루나 먼지를 만나면 얼음 결정을 만들며 얼게 됩니다. 얼음 결정이 땅으로 떨어지며, 더 많은 물방울이 원래의 결정에 붙으면서 얼게 되고, 새로운 결정들을 만들어나갑니다. 여섯 개의 가지가 뻗어있는 눈 결정이 될 때까지요.

각각의 눈송이는 땅에 내리기까지 모두 다른 경로를 가지게 되죠. 떨어질 때, 아주 미세하게 다른 날씨를 만나게 됩니다. 어떤 것은 얼음기둥처럼 보이고 어떤 것은 레이스처럼 보입니다. 그러나 각각은 얼음물이 결합한 육면체의 결정 모양을 가지고 있지요. 별이나 꽃 같은 모양의 눈 결정들도 이렇게 만들어진답니다.

물방울이 얼고 있네요.

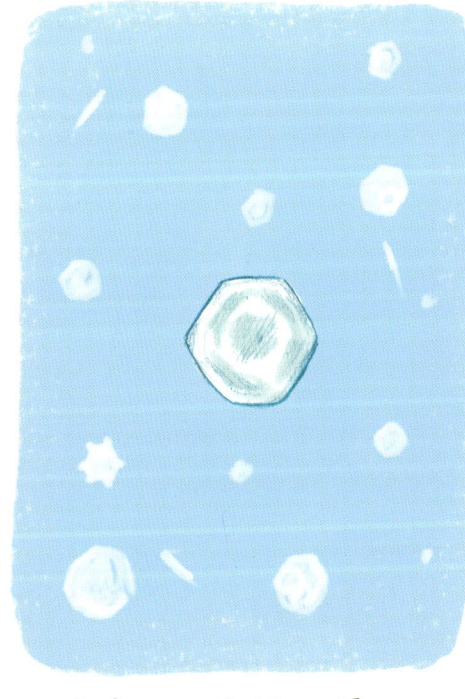

그 위로 육면체의 얼음 결정이 만들어지네요.

각 꼭짓점의 얼음이 빠르게 성장하더니 여섯 개의 가지가 되고 있네요.

나머지 부분보다 가지들이 빠르게 자라납니다.

섭씨 영하 15도 근방이 되면 별 모양으로 변해 간답니다.

따뜻한 바람에 부딪히면, 각각의 가지에서 새로운 가지들이 생겨납니다. 땅에 다다를 때까지 이 여행은 계속되지요.

온도와 날씨 조건에 따라 모든 눈꽃은 다음과 같이 다양한 결정을 갖게 됩니다.

별 모양
영하 2도에서 영하 15도 사이에서 생성

바늘 모양
영하 5도 근방

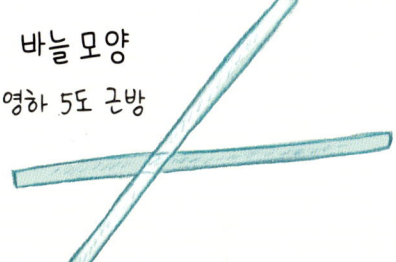

비늘별 모양
영하 15도 근방의 습도 높을 때

접시별 모양
영하 15도 근방의 습도가 높을 때

판상 모양
영하 15도 근방의 습도가 낮을 때

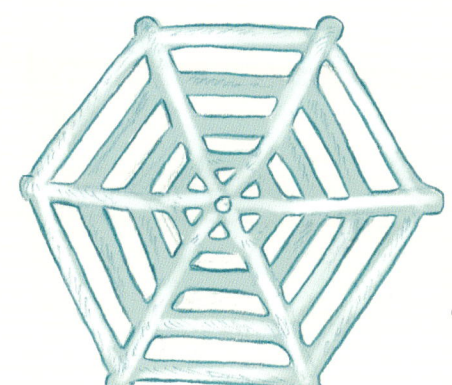

엄마 새 아빠 새의 육아 일기

부화한 아기 새들은 5일 동안 눈을 뜨지 못한대요~

자그마한 알에서 깨어난 아기 새들은 툭 튀어나온 눈에 분홍빛 피부를 가진 채 부리를 크게 벌리고 먹이를 먹을 준비를 합니다. 처음 며칠 동안은 부모 새들이 일부 소화해낸 먹이들을 먹을 거예요.

5일째가 되면, 엄마 새와 아빠 새는 조그마한 입들에 먹기 좋게 잘라낸 지렁이를 먹입니다. 이제 아기 새들은 벌레와 곤충을 스스로 먹게 될 거예요. 부드러운 솜털이 아기 새들의 몸에서 자라나기 시작할 때면 식욕도 늘어난답니다. 아기 새들의 아우성을 구경해보세요~

다섯 개의 작은 알이 둥지에서 부화하고는 여섯째 알에 깨어나라고 부르고 있어요.

몇 시간이 지난 후, 드디어 나왔네요!

나오자마자 부리를 쫙 벌립니다. 눈을 감은 채로 먹이를 기다리고 있어요.

둥지에 놓여있는 알들은 보통 흰색이거나 엷은 하늘색이라 부모 새들이 좀 더 쉽게 발견할 수 있대요.

엄마 새와
아빠 새가
사냥을
떠납니다.

그리고
돌아와 각각
한입 가득
문 벌레를
새끼들에게
나눠줍니다.

아기 새들은 볼 수는 없어도, 엄마 아빠가
둥지 옆에 내려앉는 것을 느끼고,
부르는 소리도 들을 수 있답니다.

잔치는 2주간 계속됩니다.
이 시간 동안 백여 마리의
지렁이를 먹게 된다네요!

곧 새끼 새들은 날개를
충분히 펼 수 있게 될 거예요.

이제 짝을 찾고 그들의
둥지를 만들게 될 거예요.

37

꿀벌의 하루

꿀벌 집은 약 4만여 마리 벌들이 함께 살면서
시계처럼 규칙적으로 일하는 집이랍니다~

각각의 벌집에는 한 명의 여왕벌과
수백 마리의 수컷 벌과 수천 마리의
암컷 일벌이 있답니다. 여왕은 알들을
낳습니다. 수벌은 여왕과 짝짓기를 하고
일벌은 그 밖의 모든 일을 다 한대요.

벌들의 삶을 들여다보면, 일벌들이 벌집에서 살아가는데 필요한 다양한 일들을
맡고 있다는 것을 알 수 있답니다. 꿀을 따기 위해 매일 2천여 개 이상의 꽃을 방문하고 모든
살림을 하고, 여왕과 수컷 벌 그리고 어린 애벌레를 먹이고, 꽃가루와 꿀을 모으고, 밀랍을 만듭니다. 일이 너무 고되기
때문에 아주 짧은 수명을 가지고 있고 여름에는 겨우 6주 밖에 못 산답니다. 봄날 아침 분주히 일하는 꿀벌들을 관찰해보세요.

청소 중이에요. 벌집의 모든 구멍은 새 꿀을 채우거나
새로 태어난 알을 누이기 전에 반드시 청소해야 합니다.

꿀을 모읍니다. 꽃이나 식물로부터 꿀을 찾고,
벌집으로 꿀을 나르고 또 나릅니다.

밀랍을 만듭니다. 12시간이 지나면 왁스 조각들이 벌의 배에서 나오기 시작합니다. 밀랍은 새로운 밀랍 방을 만들고 꿀 저장소를 덮는 데 사용됩니다.

벌집을 지킵니다. 벌집에 들어오는 모든 벌은 지역 경비를 책임진 일벌에 의해 검문을 받습니다. 말벌 패거리가 가까이에 오면 경고음을 내기도 합니다.

벌꿀을 만듭니다. 꽃꿀은 3/4이 물입니다. 그래서 벌들은 집으로 돌아오면, 밀랍 방에 저장하기 전에 입에서 입으로 꿀을 옮기며 말립니다. 그러고 나서 날개를 흔들어 꽃꿀이 벌꿀이 되도록 더 말려줍니다.

춤을 춥니다. 꿀벌은 말을 할 수 없어요. 그래서 몸짓으로 대화를 합니다. 훌륭한 꽃꿀을 발견하면, 다른 일벌들에게 어디에서 찾았는지 보여주기 위해 흔들흔들 춤을 춥니다.

그리고 드디어... 잠을 자네요.
가장 힘든 업무를 맡은 일벌도 하루 6시간의 완전한 휴식을 취합니다. 바쁜 내일이 기다리고 있으니까요.

보름달에서 초승달까지

밤하늘에 있는 가장 밝은 빛은 오늘과 내일이 같지 않대요~

매일 밤, 달의 모습이 변하는 것은 달이 지구를 맴도는 여행 때문이랍니다.

달의 여행에 따라, 태양은 달의 다른 부분을 비춰줍니다. 이것은 차올라 보름달이 되고 기울어 초승달로 모양이 바뀌는 것처럼 보이게 만들어 준답니다.

달이 지구를 도는 여정은 4주에 걸쳐 완성되는데, '달의 주기'라 불리는 8단계를 거칩니다.
오늘 밤 창밖을 바라보세요. 달이 어디쯤 여행하고 있는지 말할 수 있나요?

1일 차 '삭' 달 주기의 시작입니다.
달이 지구와 태양 사이에 정확히 있는 날이죠.

삭이 있는 동안 달은 잘 보이지 않습니다.
우리를 바라보는 쪽 달에는 태양 빛이 없기 때문이랍니다.

4일 차 '초승달' 달이 점점 더 태양 빛을 반사하여 움직이고 있어요. 달이 별이 빛나는 하늘 아래 조각배 같네요.

8일 차 '상현달' 이날 밤, 우리는 달의 반쪽을 보고 있다고 생각하겠지만, 실은 3/4이 어둠 속에 숨어있답니다.

10일 차 '차오르는 달' 천천히 달이 반을 넘어 드러나고 있네요. 매일 점점 더 불룩해지고 있어요.

우린 달의 한쪽 면만 볼 수 있어요. 왜냐면 달이 지구와 같은 속도로 지구 주위를 맴돌기 때문이죠.

14일 차 '보름달' 달의 주기가 반이 되었을 때, 우린 달의 둥근 얼굴을 모두 보게 되지요.

달은 스스로 어떤 빛도 내지 않아요. 달빛은 사실 햇빛이 달 표면을 반사한 것이랍니다.

18일 차 '기우는 달'
이제, 달의 빛나는 부분이 점점 더 줄어들여 날이 갈수록 기울고 있어요.

22일 차 '하현달' 이제 달의 반쪽만 볼 수 있네요.

26일 차 '그믐달' 주기의 끝으로 가고 있어요. 달은 초승달처럼 한 번 더 보여 주더니 매일 밤 천천히 사라져 갑니다.

이제 새로운 달의 주기가 돌아올 거예요. 빛이 사라진 것만 같은 이 밤, 달은 새로운 여행을 준비하고 있답니다.

파도치는 바다에서

바닷물은 항상 움직인답니다. 해수면 아래 바다는 수백 미터 깊이로 흐르는 해류를 타고 흐른대요~

대부분의 파도는 바다 표면에 불어오는 바람이 원인이 되지요. 바람의 에너지는 바다를 굽이치고 소용돌이치게 한답니다.

해안가 가까이 다가온 파도는 천천히 아래로 내려가, 해저를 따라 느리게 흘러나갑니다. 파도가 다가오며 아래로 덮쳐오면, 물마루가 앞으로 쏟아지기 시작하고 물결이 부서집니다. 바람 부는 날, 해변에서 파도를 감상해 보세요.

1. 해수연을 따라 바람이 불연 물결이 일기 시작합니다.
2. 맨 위쪽 물이 아래쪽 물보다 더 빨리 움직입니다.
3. 물이 회전하여 움직이기 시작합니다.
4. 물마루들이 만들어지고 물결이 높아지더니 큰 파도가 되었네요!

파도가 해안가로 다가올수록 점점 더 커지네요.
해저가 점점 얕아지니 파도가 위로 밀려 올라오는 거랍니다.

파도의 마루는 아래보다 빠르게 움직이다가
앞으로 넘어지더니... 부서집니다.

지금까지 측정된 가장 높은 파도는 알래스카의 리투야해변에 나타난 524m 파도라고 합니다.

멋진 파도가 끊임없이 넘실대고 있습니다. 서퍼들은 완벽한 서핑을 하기 위해 이렇게 바람 부는 날을 기다려 왔다고 하네요~

올챙이, 개구리 되다.

올챙이의 삶은 물속의 알에서 시작됩니다. 엄마 개구리가 알을 낳으면
아빠 개구리는 수정을 하죠. 한 번에 1,500개가 넘게 수정되기도 한대요!

아빠의 세심한 돌봄 아래, 수정란인
'개구리알'들이 서로 딱 붙은 채
물 위에서 꿈틀꿈틀 움직이고 있습니다.

각각의 알을 감싸고 있는, 투명한 젤리는
개구리로 바뀌게 될 올챙이를
보호합니다. 이 여행의 이름은
'변태'라고 하지요.
84일 동안 변신하는 개구리들을
관찰해보세요. 이것은 동물의
왕국에서 가장 긴, 마법 같은
변태 중의 하나라고 합니다.

수정 후 6일에서 21일 사이가 되니,
알이 부화하고 올챙이라 불리는 아주 작은
물고기 같은 생명체가 나오네요.

올챙이는 알 안에 머물며 이틀 동안 알을
먹어 치웁니다. 헤엄을 쳐서 조류와 수초를 먹을
수 있을 만큼 충분히 튼튼해 질 때까지요.

약 4주가 지나니 올챙이 몸에 아가미가 발달하네요. 입을 통해 물을 빨아들이고 아가미로 내보내며 숨을 쉬게 됩니다.

일반적인 개구리의 올챙이는 부화했을 때 검은색을 띠지만, 성장할수록 반점이 생깁니다.

6에서 9주 사이에는 뒷다리가 자라나고 머리에 모양이 잡히기 시작하네요. 그리고 호수 안의 작은 벌레 같은, 다른 생명체들을 먹기 시작할 거예요.

9주가 끝나갈 무렵, 올챙이에 앞발이 생기고 개구리처럼 보이기 시작하지만, 기다란 꼬리도 있네요.

3주가 더 지나면, 꼬리가 몸속에 흡수될 거예요. 곧 작은 개구리가 된답니다.

작은 개구리가 어른 개구리로 성장하려면 2주가 더 지나야 한대요. 그리고 겨울이 지나 봄이 되면, 이 개구리는 새로운 올챙이들을 태어나게 하려고 짝을 찾게 될 거예요!

숲속의 블루벨 카펫

블루벨이 흐드러지게 핀 마법 같은 숲을 만나보세요~

봄의 시작을 알리는 듯 블루벨은
눈부신 푸른 꽃 카펫이 되어,
숲을 다른 세상으로 만든답니다.

블루벨은 씨앗에서 자라나기까지 4~5년이 걸리지만, 일단 한번 자라나면, 벌과 꽃등에,
그리고 나비들이 봄의 첫 꿀을 맛보게 되지요. 블루벨은, 전 세계의 반 이상이 자라나는 영국에서는 국보로 여겨집니다.
씨앗에서 꽃이 되기까지 무척 느리게 자라나기에, 때로는 400년 된 오래된 숲이라는 신호로 여겨지기 때문이랍니다.

새해가 밝자, 블루벨이 여행을 시작합니다.

1월	2월	3월	4월, 5월	6월	7월
발아.	싹이 남.	잎의 성장	꽃이 핌.	씨앗이 맺힘.	휴면 (깊은 잠)

블루벨이 머금은 이른 봄의 햇빛은 땅속의 둥근 뿌리에 저장됩니다.

숲속을 변신시킨 눈 앞에 펼쳐진 블루벨을 감상해 보세요.

수선화들이 피고 지고 난 후, 블루벨이 봄의 종을 울리는 시간이 왔네요.

봄의 끝자락엔 푸른 카펫의 숲이 됩니다. 2주쯤 되면 꽃들이 시들기 시작하고, 블루벨은 삶을 마치게 될 거예요.

흰 눈 아래에서는 다음 해의 블루벨들이 세상으로 나오기 위한 여행을 시작하고 있답니다.
눈이 사라지고 나면, 싹이 보이기 시작할 거예요. 그리고 여행은 계속될 거랍니다.

두더지의 지렁이 창고

정원에 사는 두더지는 해롭진 않지만, 엄청난 식욕을 가지고 있대요~

언제나 배고픈 두더지는 사실, 매일 지렁이를 거의 자기 몸무게만큼 먹어야 한답니다.

이것은 두더지가 먹이를 찾기 위해 터널을 파는데 대부분의 시간을 보낸다는 것을 의미합니다. 커다란 주걱 모양의 발을 사용해 지하 세계에 길을 만들어 간답니다.

두더지가 각 터널의 끝에 지렁이를 비축하기 위해 특별한 창고들을 만들 거예요. 그곳에는 두더지에게 목을 물어뜯긴 후 속수무책으로 누워있는, 470여 마리 이상의 지렁이가 저장될 거예요. 작은 두더지 한 마리가 하루를 보내는 것을 관찰해보세요.

오늘 아침은 두더지는 벌레들을 찾느라 바쁘군요. 정원 흙을 뚫고 머리를 내밀었네요.

추릅!

그리고 흙 속에서 꿈틀거리는 벌레를 지켜봅니다.

두더지 침에는 벌레가 움직이지 못하도록 만드는 독이 있답니다.

해 바라보는 해바라기

왜 해바라기는 해를 바라볼까요?

어린 해바라기는 최대한 크게 크고 싶답니다. 그리고 가능한 많은 곤충을 불러 자신의 꽃가루를 뿌리고 싶어 하죠. 과학자들은 해바라기가 따뜻할 때 가장 벌에게 매력적이란 것을 밝혀냈죠. 그래서 해를 따라 바라보는 독특한 능력이 생긴 거래요!

이 과정을 '굴광성'이라고 부른 대요. 인간의 하루 주기와 비슷합니다. 신체의 시계가 밤에는 자고 낮에는 일어나게 돕는 것과 같죠. 여기, 어린 해바라기가 해를 반기며 동쪽을 바라봅니다. 그리고 천천히 하늘을 가로질러 움직이는 해를 따라 서쪽으로 고개를 돌리네요. 24시간 동안의 움직임을 지켜보세요~

새벽이 오고 있습니다. 어린 해바라기는 이 순간을 기다려 왔답니다.

고개를 들어 아침 햇살의 첫 빛을 받습니다.

좋은 아침~ 햇볕을 쬐니 몸이 따뜻해지네요. 해바라기들이 해를 따라 움직이고 있어요.

아침에는 줄기가 해 뜨는 동쪽을 향해 약간 구부러집니다.

점심 시간에는 해를 따라 천천히 서쪽으로 고개를 돌리여 위를 바라보네요.

해 질 녘이 되자, 서쪽을 향해 앞으로 구부러지네요. 해가 질 때까지 그대로 있을 거예요. 밤이 되면, 다시 동쪽으로 고개를 돌리고 해가 떠오르기를 기다릴 거예요.

그러나 나이가 들면, 움직임을 멈추게 될거래요.

해바라기들이 햇볕으로 몸을 데우여 새로운 탄생을 위해 꽃가루를 퍼뜨려줄 곤충들을 기다리고 있네요!

고양이와 쥐의 게임

고양이는 귀엽고 사랑스러워 보이지만, 실은 타고 난 사냥꾼이래요~

어린 고양이는 태어난 후 대부분의 시간 동안, 작은 쥐의 움직임을 놀라운 시력으로 포착하는 방법을 엄마 고양이로부터 배운답니다.

그러나 쥐도 고양이의 공격을 알아차릴 수 있는 고유의 방어 능력을 갖추고 있죠. 굶주린 고양잇과 동물의 침 냄새를 맡을 수 있는 환상적인 후각이 있지요. 한번 코를 벌름거리고는 재빠르게 멀리 도망칠 수 있답니다.

과학자들은 고양이의 침에서 분비되는 단백질이 특별한 감각을 지닌 쥐의 장기를 자극한다는 것을 발견했습니다. 쥐를 달아나게 해주는 이것을 '서비기관'이라고 부릅니다.

과연, 고양이와 쥐의 게임에서 누가 이길까요?

고운 햇살 가득한 아침, 고양이 한 마리가 앞발을 핥고 있네요.

> 모든 고양잇과 동물은 체력과 근력 유지를 위해 많은 동물 단백질을 섭취합니다.

정원 담벼락에서 아주 희미한 소리를 감지하더니, 냄새를 맡기 위해 코를 조준하네요.

아주 작은 쥐 한 마리가 기나긴 정원의 풀을
지나가다가, 이내 눈치를 챈 듯합니다.

허둥지둥하여
내달리다가
정원의 화분을
깨뜨리고 맙니다.
와장창!

고양이는 보통 숨어서 살금살금 사냥하는 것을 좋아합니다. 그런데 쥐가 눈치채 버렸네요.

고양이는 한달음에 화분 위를 덮치듯 올라서고, 쥐는 재빨리 달아납니다.

헛간 아래로 사라져 버렸네요. 쥐보다 고양이가 더
빠르긴 하지만, 작은 공간에는 들어갈 수 없지요.

고양이는 극도의 인내력으로 쥐가 다시
나타나길 기다릴 거예요. 그리고...

덥석.

"이∽야옹∽!" 쥐가 주변을 빙글 돌여 달아나자,
고양이가 울부짖네요. 또다시 게임이 시작되었군요.

53

별똥별이 떨어지는 밤

밝게 빛나며 떨어지는 별똥별을 본 적이 있나요?

빛을 내며 여행하는 별똥별들은 사실 별이 아니랍니다. 우주에서 날아와 지구의 대기권에 충돌한 암반이나 잔해의 조각들이랍니다.

우주에는 많은 암반 조각들이 떠다니고 있습니다. 이것들은 너무 빠르게 날아다니기에 우리 대기권에 들어오면, 마치 별처럼 타오르게 됩니다. 천문학자가 '유성'이라고 부르는 이 조각들은 땅에 닿기도 전에 대부분 불타 없어진답니다. 어쨌든, 그것들이 뭐든지 간에 소원을 한 번쯤은 빌어 볼 순 있을 거에요. 별이 빛나는 밤, 하늘을 가르는 별똥별을 감상해 보세요!

소행성으로부터 떨어져 나온 먼지 같은 조각들이 지구 대기권에 빠르게 진입합니다. 유성이라고도 부릅니다.

유성이 우리 대기에 충돌하는 순간, 공기 입자들과 마찰이 발생하더니 뜨거워지기 시작하더니...

별똥별의 속도는 시속 190,000km를 넘을 정도로 극도로 빠릅니다.

빛을 뿜어내여 밝게 불타오르네요.

이렇게 타거나 증발해버리는 유성은, 마치 하늘에서 떨어지는 별처럼 보이게 되죠. 자, 이제 소원을 비는 시간이에요!

껍질 옷 벗는 뱀

2~3주에 한 번씩, 어린 뱀은 껍질 옷을 벗는 대요. 모든 동물이 다 피부를 교체한다고 합니다. 사람도 마찬가지래요. 그러나 순간적으로 일어나는 일이기에 쉽게 볼 순 없다고 하네요~

뱀은 마치 긴 양말을 벗는 것처럼, 아주 기다란 모양으로 피부 껍질을 벗는답니다.

뱀은 성장해도 피부는 자라나지 않는답니다. 그래서 기존의 피부를 반드시 벗겨내야 하고, 붙어있던 기생충이나 벌레도 함께 제거해야 합니다. 이 과정을 '탈각' 또는 '탈피'라 부르지요. 새 피부는, 기존의 피부 바로 아래에서 자라나고 있습니다. 나이를 먹게 되면, 일 년에 두세 번 정도 허물을 벗게 될 겁니다. 어린 뱀 한 마리가 어떻게 껍질 옷을 벗으며 변신하는지 관찰해보세요....

어린 뱀의 피부가 조금 거칠어지고 눈도 구름 낀 것처럼 보이네요.

가까운 연못에 자리 잡더니, 미끄러지듯 들어가네요. 물은 낡은 피부를 느슨하게 만들어 한 번에 제거할 수 있게 해 줄 거에요.

물에 불리더니... 곁에 있던 단단한 바위를 찾아 스르르 위로 올라오고 있어요. 껍질이 조금 찢어질 때까지 머리를 바위에 대고 문지르네요.

찢어진 쪽으로 미끄러지듯 껍질 밖으로 나오기 시작합니다. 이 모든 과정은 한 시간도 걸리지 않는답니다.

만약, 운 좋게 뱀 허물을 찾아낸다면, 껍질이 뒤집혀 있는 것을 보게 될 거예요. 마치 뱀이 양말을 벗어 놓은 것만 같죠.

가까운 연못으로 산책하게 된다면, 한번 뱀 껍질을 찾아보세요. 그것은 한 시간 전에 뱀이 그곳에 머물렀었다는 증거랍니다!

숲속의 버섯 마을

숲속 식물의 90%가 작은 버섯 군락에 의지하며 살고 있다니 정말 놀랍지 않나요?

버섯은 나무를 분해해, 흙으로 돌아가게 하여, 식물의 영양분으로 재사용 되도록 만들어 준답니다.

'균사체'라 불리는 버섯의 복잡한 뿌리 구조는 땅속을 파고 들어가 물과 영양분을 찾습니다. 식물과는 다르게 버섯은 태양으로부터 영양분을 얻지 않습니다. 대신, 이 숲속처럼 어둡고 습한 환경을 집으로 삼는답니다. 가을이 다가올 무렵, 나무에서 자라나는 이 신비한 생명체들을 관찰해보세요....

어린 버섯의 일생은 다 자란 버섯이 포자를 퍼뜨리며 시작합니다. 사람의 눈으로 보기엔 너무 작은 씨앗들이랍니다.

포자들이 뿌리를 내리게 될 땅 위로 떨어지네요.

두 개 이상의 뿌리가 만나 균사체가 됩니다.

14일이 지나면, 둥근 몸통이 균사체 위에 생기기 시작합니다.

버섯의 몸통이 땅의 표면을 뚫고 고개를 내밉니다.

위로 위로 쑥쑥...

이제 나왔네요! 충분히 자라나더니 우산처럼 갓을 핍니다.

화려하고 아름다워 보이는 버섯들은 매우 독성이 강하니 조심하세요.

서리가 내릴 즈음이 되니, 거의 다 성장하고 갓 끝부분이 갈라지며 위로 들려지고 있어요.

버섯이 쓰러져 흙으로 분해되기 시작하면, 포자들이 흩어지고, 버섯의 일생은 다시 시작하게 된답니다.

붉게 물드는 저녁노을

하루가 저물어 가며, 밝은 오렌지빛 석양이 하늘을 물들이고 있네요~

태양으로부터 오는 빛은 하얗게 보이지만, 보라, 남색, 파랑, 녹색, 노랑, 주황, 그리고 빨강,
흔히 보기 어려운 7가지 다양한 색의 빛으로 이루어져 있답니다.

해 질 녘, 우리는 지구가 자전하며 천천히 태양과 멀어지는 지점에 있게 됩니다. 그래서 태양 빛은 우리에게 닿기까지 더 길어진 거리를, 지구의 대기를 뚫고 여행하게 되지요. 파랑이나 녹색 같은 대부분의 색은 지구에 도달하기 전에 사라지지만, 파장이 긴 빨강과 주황색은 우리 눈까지 쉽게 도착하게 된답니다. 천천히 밖으로 걸어 나가, 언덕에 오르거나 정원에 서서 오늘의 석양을 감상해 보세요....

맑은 가을날입니다. 태양이 지평선 아래로 여행하고 있네요....

해가 저물기 전에 하늘을 아름다운 오렌지빛으로 물들이고 있어요.

자연의 모든 것들이 분홍, 주황, 빨강 등 아름다운 빛깔들에 경이로워하여 멈추어 버린 듯합니다.

밤의 생명들이 나와서 구경하고 있어요. 어린 여우, 쥐, 그리고 박쥐들이 찬란한 하늘을 감상하고 있네요.

태양이 지평선 아래로 깊이 잠겨 사라질 때까지요.

이제 10시간 동안은 어둠이 다스리겠지요. 내일 다시 떠오를 태양의 따뜻한 빛들을 기다리면서요....

달팽이 발자국

여기로 달팽이가 지나갔어요! 은빛의 자국으로 반짝이는 길이 증거랍니다~

달팽이는 '복족류'라고 불리는 종 중 하나입니다. '복족'은 '위장한 발'이란 뜻인데요, 달팽이의 몸은 마치 한쪽 끝에 입이 있는 하나의 긴 발처럼 생겼기 때문이죠.

달팽이는 발 앞부분에 있는 특별한 샘으로 부터 끈적끈적한 점액을 만들어 낸답니다. 점액에는 오솔길이든 돌이나 나무, 어떤 표면이든 발이 붙게 하는 신비한 힘이 있답니다. 또한 해로운 태양광으로부터 보호해주고, 건조한 날씨에는 촉촉한 껍데기 안으로 둥그렇게 몸을 말아 넣고 쉴 수 있도록 해준답니다. 점액으로 길을 만들며 정원을 여행하는 달팽이를 찾아보세요~

작은 달팽이에게는 완벽한, 촉촉이 비 오는 여름날이네요.

달팽이는 보통 밤에 나와 식물이나 해조류를 사냥합니다. 그러나 이슬비가 내릴 때면 정원에서 먹이를 찾으려고 머리를 내밀어 나오곤 하죠.

바위를 넘어...

정원의 길을 따라...

나무에 오릅니다.

그리고 다시 내려와... 정원의 호수 옆에 있는 이끼 낀 작은 집으로 돌아옵니다.

정말 부지런하군요!

날씨가 너무 건조하다면, 끈적하고 촉촉한 껍데기 속으로 들어가 눈을 붙일 거예요. 이것을 '여름잠'이라고 부른답니다.

비가 멈추고 해가 다시 나오면, 작은 달팽이는 껍질 속으로 쏙 들어갈 거예요. 하지만 어린 탐험가가 찾아볼 수 있도록 하루 여행의 긴 발자국을 남겨두었답니다.

단풍 옷 입는 가을 나무

가을이 오니, 울긋불긋 빨갛고 노란 단풍 가득한 거리가 반겨주고 있네요~

일 년 중 이 시기에는 낮이 짧아지고 추워지며 태양 빛이 줄어든답니다. 잎사귀들은 색을 갈아입고 땅으로 떨어집니다.

일 년 중 이 시기에는 낮이 짧아지고 추워지며 태양빛이 줄어든답니다. 잎사귀들은 색을 갈아 입고 땅으로 떨어집니다. 해가 짧아지면 나뭇잎은 엽록소(나뭇잎 색깔을 푸르게 하는 녹색 색소는 햇빛으로 양분을 만듦) 생산을 멈추게 됩니다. 대신, 저장해놓은 양분을 사용하기 시작합니다. 이렇게 되면, 녹색은 사라지고, 가을의 색인 밝은 노랑, 주황, 빨강 색이 나타나게 된답니다. 공원을 거닐며 색동옷으로 갈아입은 잎들을 감상해 보세요....

봄에는 나무가 꽃을 피우기 시작합니다.

녹색의 색소인 엽록소는 잎을 지배하여 선명한 녹색으로 변하게 해준답니다.

낮이 따뜻해지고 길어지면, 잎들은 태양에서 영양분을 만들어냅니다.

식물, 조류, 박테리아는 태양 빛으로 양분을 만들어내는 유일한 생명체들입니다. 우리는 이 원리를 '광합성'이라고 부르지요.

가을이 얼굴을 드러내면, 나뭇잎은 엽록소 생성을 멈추고 대신, 저장해놓은 영양소인 포도당을 사용하는 데 집중합니다.

엽록소가 줄어듦에 따라 잎에는 다른 색깔들이 나타나게 된답니다.

밝은 노랑... 주황... 그리고 마침내 눈부신 붉은색이 되었네요.

잎의 줄기가 약해지더니 나무에서 우수수 떨어지고...

수북이 쌓이고 있네요!

겨울이 오고 나무는 쉼에 들어갑니다. 그렇게 길지는 않을 거예요. 곧 봄의 첫 신호를 만날 수 있을 테니까요.

65

참새들의 목욕 시간

참새들이 시원하게 목욕을 즐기고 있네요~

무리를 지어 욕조에 모이더니
첨벙거리며 씻고 있어요.

참새의 목욕에는 여러 방법이 있답니다.
건조한 날씨에는, 진드기와 기생충을 제거하고
과도하게 깃털에 분비된 기름을 제거하기 위해
흙 속에서 날개를 흔들어 흙을 털어내며 목욕을 합니다.
도시와 마을에 사는 참새들은 보통 물이 있는 곳을
찾아 깃털을 깨끗하게 유지한답니다.

아침 목욕 시간을 즐기려고 이곳으로
참새들이 모여들고 있네요....

작은 참새 한 마리가 물 위에 조심스럽게
서서 물결을 가르여 걷기 시작합니다.

깃털을 부풀리고 날개를 넓게 펴여,
물속으로 배를 담글 준비를 하네요.

안팎으로 재빠르게 날갯짓 하여 온몸을 씻고 있어요.

첨벙! 부리를 앞으로 숙여 담그고, 머리를 뒤로 빠뜨리며, 시원한 물보라를 일으켜 등을 흠뻑 적시네요.

듬뿍 적시기 위해 등의 깃털들을 한껏 들어 올립니다.

다른 친구들이 모여들 즈음엔 이 행동을 다섯 번 이상 반복하여 목욕을 했대요.

충분히 씻고 나면, 날개와 꼬리의 깃털들을 부르르 털어내고 날개를 퍼덕이며 몸을 말립니다.

참새의 꼬리 아래, 몸치장 샘에서는 깃털을 코팅하는 기름진, 왁스 같은 물질이 나옵니다.

목욕 시간이 끝나갑니다. 참새들이 날개를 다시 정돈하며 분비샘에서 나오는 오일로 마무리 몸치장을 하고 있어요. 다음 목욕 시간이 될 때까지 오일은 몸을 방수해 줄 거랍니다.

구름이 좋은 날

유난히 파란 오늘 하늘은, 하얀 솜털 구름 가득한 멋진 캔버스네요~

대부분의 구름은 따뜻한 공기가 땅으로부터 하늘로 올라갈 때 만들어 진답니다.

공기가 점점 더 차가워집니다. 그리고 '수증기'라 불리는, 공기 중의 작고 보이지 않는 차가워진 물 분자들이 모여들어 물방울이 되거나 얼음 결정이 된답니다. 이 과정을 '응결'이라고 부르지요. 점점 더 많은 물방울이 모여들게 되면, 구름이 태어난답니다. 자, 눈을 들어 하늘에 떠 있는 구름 모양을 바라보세요....

청명한 아침나절입니다.
햇볕이 따뜻하게 대지를 비추네요.

땅 위에 앉은 공기가 따뜻하게 데워지여 하늘 위로 떠 오르고 있습니다. 오를수록 점점 더 차가워지고 있어요.

수만 개의 물방울이 모이면, 뭉게구름이 태어난답니다.

구름은 기후에 매우 중요한 부분입니다.
이곳에서 날씨에 따라 다르게 형성되는
10가지 모양의 구름을 만나보세요.

하층부터 중층 그리고 그 위의 대기를 가로질러 높이 솟아오른 적란운은 거대한 적운처럼 보입니다.

상층운 6,000m 고도에서 형성됩니다.
권운은 하늘에 줄무늬를 그려낸 얇고 성긴 가닥의 구름입니다.
권적운은 물고기의 비늘처럼 열 지어 있는 구름입니다.
권층운은 얇게 비치는 커튼처럼 온 하늘을 덮고 있는 구름입니다.

중층운 2,000m에서 6,000m 사이의 고도에서 형성됩니다.
고적운은 양털처럼 보이는 가장 일반적인 구름입니다.
난층운은 태양 빛 가려서 희미하게 보이게 하는 회색 구름입니다.

하층운 2,000m 고도 아래에서 형성됩니다.
적운은 깨끗한 날에 볼 수 있는 하얀 솜털 같은 구름입니다.
층운은 약간 안개처럼 보이는데 보통 회색빛이 됩니다.
층적운은 낮게 깔려 뭉게뭉게 피어오른 회색 또는 하얀색의 구름 사이로 파란 하늘 조각을 보여줍니다.

날마다 새로운 하늘에 새로운 구름이 그려집니다. 밖으로 나가, 오늘 하늘엔 어떤 구름이 그려져 있는지 만나보세요!

알 깨고 나온 병아리

달걀 껍데기는 무척 얇아 보이지만, 실은 상당히 강하답니다~

진주를 만드는 물질인, 칼슘 탄산염의 벽으로 싸여 있기에 갓 부화하는 새끼에게는 알을 깨고 밖으로 나온다는 것이 무척 어려운 일일 수밖에 없습니다.

치아처럼 생긴 작은 뿔 모양의 윗부리 끝을 사용하여 알 안 쪽부터 쪼개어 나갈 거예요.
껍데기가 깨져 '삑' 소리 나며 구멍이 만들어지면, 알을 깨고 나오기 전에, 병아리는 폐가 적응할 수 있도록
6시간에서 12시간 동안 쉬게 될 거예요. 엄마 닭이 되어 바라보듯, 이 놀라운 광경을 지켜보세요!

이 작은 햇병아리는 알 속에서 약 21일 동안 자라났답니다.

더 많은 산소가 필요하게 되면, 작은 부리를 이용해 알의 동그란 끝부분에 있는 공기주머니를 찢기 시작합니다.

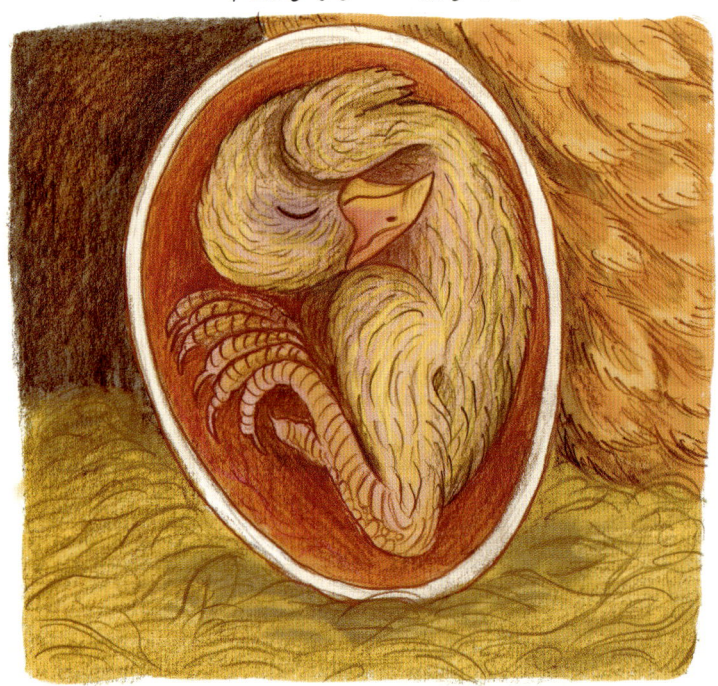

지금까지 병아리 배아는 껍데기의 구멍을 통해 필요한 모든 산소를 흡수해왔습니다.

부화라고 부르는 과정의 시작이랍니다.

마치 인간의 어머니처럼, 엄마 닭은 부화하기 전까지 아기를 부르듯 말을 건넵니다.

공기주머니는 햇병아리가 생명을 유지하기에 충분한, 최대치의 산소를 공급합니다.
알에 구멍이 날 때까지 지속해서 쪼아 대는, 여칠 동안 말이지요.

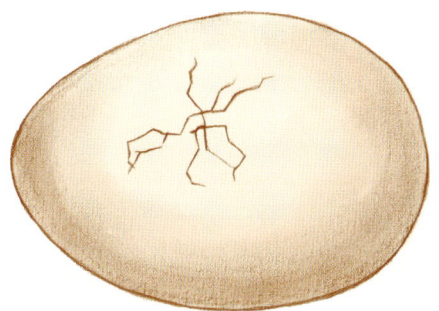
금이 가고...

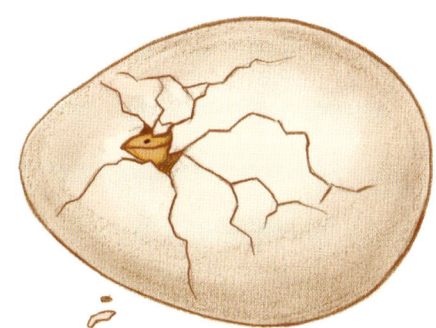
쪼개지더니...

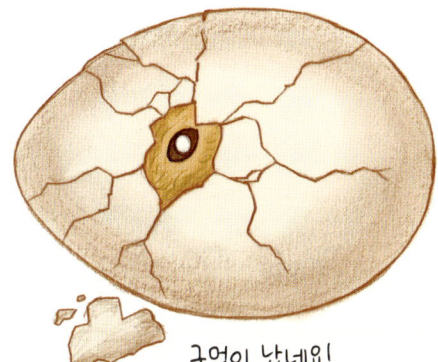
구멍이 났네요!

햇병아리는 폐가 새 환경에 적응할 수 있도록 쉼을 가집니다.

충분히 쉬고 나면, 밖으로 밀고 나올 수 있을 때까지 부리를 이용해 껍질을 점점 더 많이 조각냅니다.

짠! 이제 나왔네요!

밖으로 나온 작은 햇병아리는 먹이를 먹어야 하죠. 운 좋게도 옆에서 엄마 닭이 반기여 기다리고 있었네요~

벚꽃잎이 떨어질 때

벚꽃이 피는 시간만큼이나 봄 향기 가득한 날은 없을 거예요~

연분홍빛 꽃들이 거리 가득
피어나기 시작하면, 재킷을 벗고
부츠는 말려놓고 나들이하라며
공원들이 맞이해줄 거에요.

거리마다 구름처럼 핀 분홍빛 하얀 꽃들은 겨울을 완전히 잠들게 하네요.
대부분의 벚나무는 이른 봄 날씨가 온화한 정도에 따라, 적어도 2주 동안 꽃을 피웁니다.
따뜻한 봄이 오면, 이른 꽃들이 피어나고, 이내 부드러운 꽃잎들을 떨굽니다.
이른 봄, 거리의 모습을 변화시키는 꽃나무들을 만나 보세요....

겨울이라 벚나무의 잎들은 아직 자라나지 않았네요.
그러나 아주 작은 눈들이 얼굴을 내밀기 시작하고 있어요.

온화한 날씨가 찾아오자,
작은 꽃봉오리들이 보이네요.
여전히 세상에 수줍은 듯
담혀 있는 꽃잎들입니다.

이틀쯤 지나자 드디어
피어나기 시작하네요.

가지가지마다...

활짝 활짝 한가득 피어납니다.

벚꽃이 필 때면
온 세상에
축제가 열리는
것만 같죠.

2주 동안, 회색빛의 거리는 벚꽃으로 가득 차 밝게 빛나게 된답니다.

나무들이 꽃잎을 떨구자, 연분홍빛
꽃 이불이 거리를 덮어 주네요.

봄은 우리를 따뜻한 봄의
풍속으로, 벚꽃들의 카펫 위로 거닐게
해준답니다. 부드러운 바람에 쓸려
사라지기 전까지요....

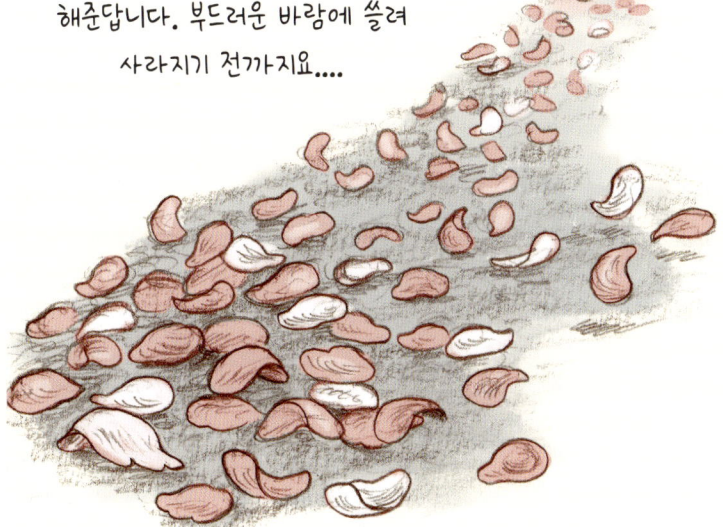

개미 일꾼들의 집 만들기

일개미들은 자연에서 협동심이 훌륭한 생물 중 하나래요~

집을 짓는 시기가 되면,
개미들은 각자 맡은 임무를 가지고
협동하여 나뭇잎을 이용해
집을 짓는답니다.

천적으로부터 안전하게 숨을 수 있도록 원뿔 모양의 집을 만드는데, 특이하게도 식량인 유충을 이용해 잎사귀들을 서로 붙인답니다. 수많은 개미가 기가 막힌 팀워크를 이루며, 24시간에 걸쳐 집을 만듭니다. 가지 꼭대기에 있는 잎사귀로 집을 짓는 모습을 보고 있으면, 그 독창성에 놀라지 않을 수 없을 거예요....

나우 꼭대기로 올라간 개미 한 마리가
가장 크고 탄력 있는 나뭇잎들을 찾고 있습니다.

개미가 자신을 타고 오를 동료들을 부릅니다. 새로 온 개미의 허리를 잡더니 나뭇잎의 끝 가까이 가려 하네요. 나뭇잎에 이어지는 다리가 완성될 때까지 개미 사슬은 계속 만들어진답니다.

하나를 발견했지만, 바로 손에 닿지 않는 곳에 있네요.

집을 짓는 일개미는
우려 50만 마리 이상이
될 수도 있습니다.

성공!

건축용 크레인처럼, 일개미는 잎사귀를 아래로 잡아당겨 다른 잎과 만나게 합니다.

끝부분을 서로 잡고 앉아서 기다립니다.

그동안 다른 개미 그룹들은 또 다른 잎사귀들로 같은 모양을 만듭니다.

저녁이 되어 가까운 둥지에서 더 많은 개미가 도착하면, 개미들의 먹이인 유충을 나릅니다.

개미가 유충의 머리를 톡톡 건드는 이유는 유충의 타액 분비샘에서 실크를 뽑아내기 위해서랍니다.

뽑혀 나오는 실크로 잎사귀를 서로 연결합니다.

몇 시간이 지나, 드디어 새집이 완성되었네요. 이제 개미들은 다음 날 할 일을 찾아 이동한대요....

소용돌이 잎의 기지개

자연이 기지개를 피는 봄, 돌돌 말린 어린잎들이 가득 보이네요~

봄 햇살에 의해 깨어난, 이 어린 싹들은 다 자란 양치식물이 땅에 떨어뜨린 포자들로부터 태어났답니다.

습기 많은 땅에서, 한 개의 포자가 하트 모양의 '배우체'라 불리는 모습으로 성장하는 것을 볼 수 있습니다. 그리고 이 안에서 정자와 난자가 만나 어린 양치식물이 된답니다. 빽빽하게 말려있는 머리 부분이 흙을 뚫고 땅 밖으로 나옵니다. 쑥쑥 자라나는 많은 어린잎이 보이네요. 펼쳐지는 잎을 한번 관찰해 보세요....

소용돌이 모양의 머리가 용감하게 흙을 뚫고 올라가여, 다른 식물과 뿌리들을 한쪽으로 밀쳐내고 있어요.

양치식물은 화석에 의해 360만 년 이전부터 지구에 살아왔다는 것이 밝혀졌답니다.

천천히 하늘을 향해 고개를 듭니다. 밖으로 위로 뻗어 내기 시작하네요.

자라남에 따라 잎을
밖으로 펼쳐냅니다.

점점 더 풀어내여...

동글게 말린 줄기를 풀여...

잎을 펼쳐내고 오뚝 서네요.

마침내, 꼭대기에 있던 머리 부분을 풀기 시작하더니
오양을 정돈하여 잎을 활짝 펼칩니다.

활짝 핀 양치식물이 부드럽고 자유롭게 흔들리고 있어요.
이제 촉촉한 숲속 흙의 습기를 마시며, 가까이 있는
친구들이 잎을 펼치길 기다려 주고 있네요....

모기의 아슬아슬한 탈출

해충으로만 보이는 성가신 모기지만, 때려잡기 전에
자연적인 생태를 한 번쯤은 생각해 보면 좋겠어요~

모기도 꿀을 찾을 때, 꽃가루를 꽃에서 꽃으로 옮기며
식물의 수분을 도와주는 중요한 역할을 해준답니다.

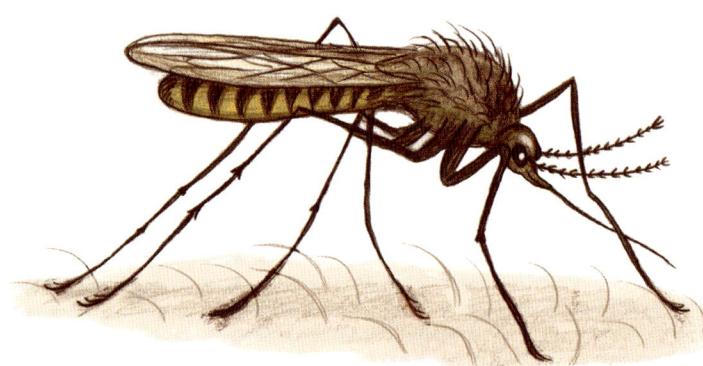

모기는 새, 개구리, 물고기와 같은
생명체를 위한 먹이가 되기도 한답니다.

아무 이유 없이 우리를 괴롭히는 건 아니래요.
실은, 오직 암컷만이 사람을 문답니다. 튜브 모양의
입을 사용해서 피를 빨아 먹습니다. 수컷 모기가 오직
꿀만 먹는 동안, 암컷 모기는 번식을 위한 단백질이
필요하기에 피와 꿀 양쪽 모두를 먹습니다.
햇볕 화창한 날, 아슬아슬하게 도망치는
모기를 찾아보세요!

이 암컷 모기는 배가 고픕니다. 가까이 있는 사람의 체온과 이산화탄소를 감지해 먹이를 찾아낼 겁니다.

이산화탄소는
우리가 숨을 내쉴 때
공기 중으로 나오지요.

옥표물을 찾았네요! 조용히 다가 갑니다.

살그머니 인간의 팔에 착륙합니다.

깊게 피를 들이킵니다. '쪼옥!'

눈 깜짝할 사이에 목적을 달성합니다. 바로 그때...

"아야!"

쉬익

"아 짜증 나!"

모기는 대략 3,500 종이라고 합니다. 그러나 이 중 200 종만이 생존을 위해 인간과 동물의 피가 필요하답니다.

아슬아슬하게 도망치더니 이제 꿀을 찾으러 떠난 다네요. 훨씬 온순한 먹잇감을 향해서요~

딱딱 딱 딱따구리

빠른 박자로 "따 다다닥" 하는 소리가 들리나요?

딱따구리 한 마리가 가까이 있는 나무에서 식사를 위해 구멍을 파고 있네요!

발톱으로 나무의 몸통을 꽉 부여잡고, 뻣뻣한 꼬리를 가지에 대고 몸을 받치고 있습니다. 내부에 숨은 벌레나 곤충 같은 먹이를 감지하면, 속도를 내어 가지를 쪼아 댑니다.

초당 20번이나 쪼아 대는 딱따구리의 긴 부리는 날카로울 뿐 아니라 특별한 두개골로 뇌를 보호해 줘야 할 정도의 강한 힘을 가지고 있습니다. 딱따구리의 두개골은 부분적으로 스펀지 같은 뼈로 이루어져 있고 기다란 혀로 둘러싸여 있지요. 이것은 상당히 충격을 완화해줍니다. 나무에 구멍이 만들어지면, 딱따구리는 길고 끈적한 혀를 안으로 집어넣고 먹이를 잡습니다. 이 모습을 한번 지켜봅시다.

> 딱따구리의 쪼는 행동은 짝에 매력적으로 보이고 영역을 표시하기 위해 사용되기도 합니다.

배고픈 작은 딱따구리가 어린나무를 탐색하다가 깡충깡충 올라갑니다.

발톱을 이용해 가지 하나를 찾아내 오르더니, 나무의 몸통을 점검하기 위해 둘러봅니다.

바다의 별 불가사리

가장 특이한 물속 동물 중 하나는 사실 물고기가 아니랍니다~

바다의 별로도 알려진 불가사리는 바다의 '무척추동물'이라고 불리는 그룹에 속해 있는데, 척추가 없다는 의미랍니다.

얕은 바다에 사는 별 모양의 이 동물은 발에 붙은 수백 수천의 관족을 이용해 앞뒤로 느릿느릿 움직이며 해저를 가로질러 다닙니다. 작은 흡입구처럼 생긴 이 관족들은 조개나 굴처럼 접근하기 어려운 먹이를 잡을 수 있게 해줍니다. 먹이를 삼키는 봉지같이 생긴 위를 꺼내는 동안, 껍데기를 열고 있도록 잡아주기도 한답니다. 가까운 해변에서 이 놀라운 장면을 구경해 보세요....

불가사리는 조개를 볼 수 없습니다. 그러나 냄새는 맡을 수 있죠. 얕은 바다에 있는 조개로부터 나오는 화학물질을 감지한답니다.

해저를 가로질러 기어가더니, 조개에 다가가 위에 올라탑니다.

조개껍데기는 열기 매우 어렵죠. 그러나 이 불가사리는 배가 고프니 방법을 찾아낼 겁니다!

작은 관족들을 이용해서
조개 뚜껑을 잡아당깁니다.

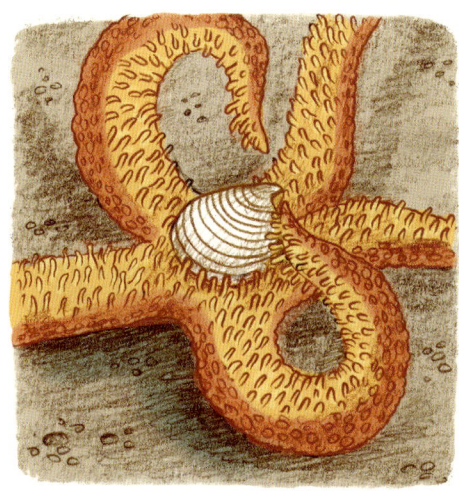

끌어당기고...

다시 끌어당기고...

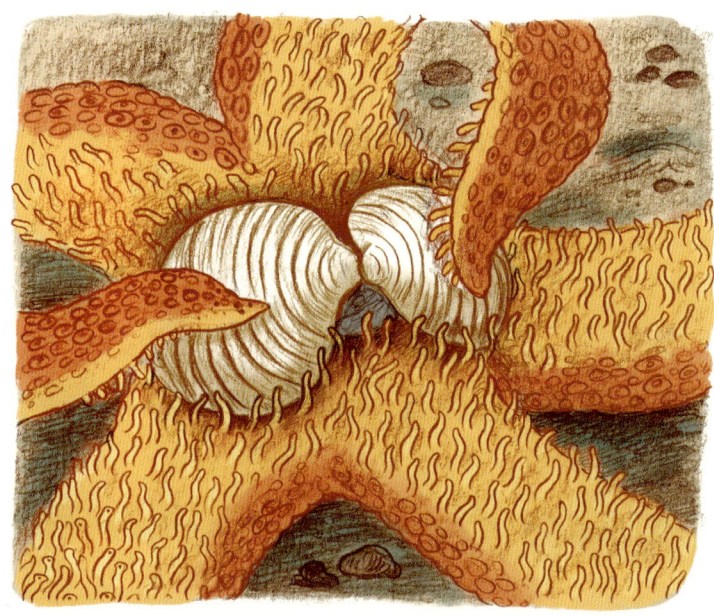

딱! 하여 열렸네요.

즉시, 불가사리는 두 개의 위장 중 하나를 조개껍데기 안으로
집어넣습니다. 그리고 조개를 먹기 시작합니다.

위장을 뽑아내고, 소화한 조갯살을 안으로 집어넣으며, 불가사리의 식사는 계속됩니다. 맘껏 즐기는 멋진 식사 시간이네요!

잠자리의 에어쇼

잠자리는 세계 최고의 비행사 중 하나랍니다~

여름날 저녁, 정원 호수 위를 맴돌고 있거나,
물가를 따라 날아다니는 모습을 볼 수 있을지도 몰라요.

300만 년 이상 동안, 이 곤충들은 앞으로, 뒤로, 위로, 아래로 수도 없이 우리의 하늘을 조용히 날아다녔답니다.
잠자리는 어느 방향이든 원하는 대로 두 쌍의 날개로 맴돌고 가속하며, 초당 15~50km를 이동할 수 있답니다.
앞뒤로만 날아다니는 다른 생물과 다르게, 잠자리는 아래로 내려가며 뒤로, 위로 올라가며 앞으로 움직입니다.
공기 저항을 이용하는 이 회전 항공법은 하늘 높이 머무르게 해줍니다. 멋진 잠자리의 비행을 구경해보세요....

사랑스러운 여름 아침입니다. 잠자리가 먹이를 찾아 막 질주하려고 하고 있어요.

오기를 발견하더니, 즉시 날아오르네요.　　　　　　　　　　조용히 뒤로 날아가 덮칠 준비를 합니다.

모기의 날아가는
방향에 따라
몸의 위치를 맞추어
맴돌고 있어요.

잠자리는
수천 개의 작은 눈
으로 이루어진,
둥글고 커다란 눈으로
여러 방향의 각도를
볼 수 있답니다.

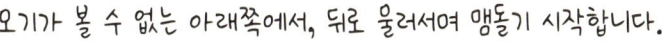

모기가 볼 수 없는 아래쪽에서, 뒤로 물러서여 맴돌기 시작합니다.

눈 깜짝할 사이에 모기가
잡혔네요...

잠자리의 다리에 꽉 잡혔습니다.

비행하면서 먹이를 먹는군요.
후딱 먹고 날아가네요!

연못에 핀 연꽃들

잔잔하고 고요한 연못은 수련 가족의 완벽한 집이래요~

연못에 떠 있는 넓적한 팬 모양의 수련 잎은 개구리, 잠자리, 잎벌레 등 연못에 사는 생명을 위한 쉼터랍니다.

어둡고 탁한 연못의 표면을 밝게 빛나게 하는 하얀 꽃잎들은 따뜻한 햇볕 아래에서 피어납니다.

중앙에 노란 수술을 지닌 연꽃들은, 꽃가루 연회에 벌과 곤충들을 초대하기 위해 단 며칠 동안 피어 있게 됩니다.
온종일 내내 먹고 쉬고 즐기는 야생의 생명을 만나보세요....

아침이 되면, 이 연못의 수련들은 햇빛을 맞이하여 깨어납니다.

개구리 가족이 연못에 떠 있는 수련 잎에서 놀고 있네요.

배고픈 울 쥐는 맛있는 녹색 잎을 먹으려고 머리를 '쑥' 내미네요.

수련 뿌리는 연못 바닥의 흙 속에 뿌리 박고 있답니다.

한낮이 되어 태양이 공기를 따뜻하게 하면, 꽃이 피기 시작합니다.

점점 봉우리를 열더니...

활짝 피었네요!

오후로 들어서자, 점점 더 많은 야생의 생명체들이 잎과 꽃들을 즐기고 있네요.

후루룩!

해 질 녘이 되어 수련의 꽃잎들이 닫히기 시작합니다.

점점 오므리더니...

봉우리가 되었네요.

사나흘 후에는 수련의 꽃들이 물 밑으로 떨어질 거예요. 여름 내내 새로운 꽃이 싹을 피울 수 있도록 자리를 만들어 주는 것이랍니다.

올빼미 잠 깨다

올빼미는 숙련된 살림꾼이랍니다~

올빼미는 헛간, 울타리, 교회 첨탑,
그리고 나무 구멍, 거의 어디 든 안락한
둥지를 만들 수 있답니다.

이 암컷 올빼미는 나무 구멍 안에 작은 알갱이(소화되지 않는 먹이)를 사용하여 그녀만의 둥지를 만들었답니다.
맨 위는 기다란 발톱으로 찢어낸 부드러운 것들로 덮어놓았네요. 일 년 내내 쉼터가 되어줄 둥지랍니다.
다음 또 다음 해도요! 땅거미가 들자, 배고픈 채로 일어나 식사 준비를 합니다.
사냥을 위해 고개를 쏙 내밀며 하루를 준비하는 올빼미를 만나보세요....

| 밤이 왔네요. 올빼미 한 마리가 나무 구멍 속에서 깨어납니다. | 날개를 쭉 펴여 차가운 밤공기를 맞이하네요. | 이제 완전히 일어났군요! |

으아아아하... 함!

나름의 방법으로 깨끗이 '몸단장'을 하여 하루를 준비합니다.

그다음에는 발톱과 발가락을 부리로 깨끗이 다듬죠.

보통 새와는 다르게 올빼미는 깃털을 다듬을 때 방수 처리를 하지 않습니다. 조용한 비행을 위해 깃털을 가능한 한 부드럽게 유지해야 하기 때문입니다.

끝이 부드러운 깃털을 가지고 있는 덕에, 올빼미는 비행할 때 거의 소리가 나지 않습니다.

밖으로 나가기 전, 먹이를 탐색하려고 먼저 머리부터 내미네요.

밤으로 한 발 내디디여, 둥지 끝으로부터 조용히 깡충 뛰어나오더니, 어둠 속으로 급강하합니다.

아래로... 아래로... 활공하여 내려갑니다.

그리고 '덥석!' 발톱으로 쥐 한 마리를 움켜잡았네요.

나무 그루터기에서 쉬며 식사를 합니다. 꿀꺽! 올빼미가 쥐 한 마리를 통째로 삼켰네요.

그러나 이제 시작일 뿐이랍니다. 오늘 무엇을 또 잡게 될까요?

양귀비 피는 들판

양귀비 피어난 들판 같은 여름이라는 말이 있대요~

드넓은 초원에 수 놓인 진홍빛 붉은 꽃잎들은 늦봄에서 여름을 걸쳐, 내리쬐는 태양 아래에서 마치 잡초처럼 자라고 꽃피우게 됩니다.

농부가 추수하는 달과 가까워지는 꽃피는 계절이 오면, 곡물이 수확되는 가을이 되기 전에, 양귀비는 꽃을 피우고 땅으로 씨를 다시 보내는 짧은 생애를 살게 됩니다. 수백 년 동안, 의약 재료로 사용되어온 양귀비는 벌들의 배를 채워주는 꽃가루도 풍부하답니다. 강렬한 붉은 꽃들이 피어나기 시작하는 들판을 감상해보세요....

늦은 봄, 꽃봉오리가 맺히네요.

6월이 되자 밝고 붉은 꽃잎들이 피어납니다.

그리고 가을이 되기 직전, 씨 꼬투리를 남겼네요.

밭의 상황을 보려고
농부가 나와 있네요.

전 세계의 양귀비밭은 교통체증을 부를 정도로 인기가 좋답니다.

봄이 햇살 가득한 얼굴을 보여줄 즈음, 농부의 양귀비밭은 기지개를 핀답니다.
구겨진 붉은 꽃들이 피어나는 신호를 시작으로 진홍의 붉은 빛 가득한 들판이 지평선 끝까지 다다르게 됩니다. 장관이네요!

여름의 끝자락이 오면, 꽃들은 닫히기 시작하고 들판은 씨 꼬투리의 바다로 변합니다.
양귀비 씨앗은 산들바람을 타고 흩뿌려집니다. 다음 여름에 만날 감동적인 양귀비의 들판을 준비하기 위함이겠지요.

초원을 질주하는 말

초원을 자유롭게 질주하는 말은 발레처럼 아름답습니다~

강하고 침착한 말의 자연스러운 동작은 우아한 댄서처럼 느껴지기도 합니다. 말은 두 가지 방식의 걸음걸이를 가지고 있습니다.

'자연적인' 걸음걸이는 본능적인 움직임을 의미합니다. '느긋한' 걸음걸이는 조련사와 기수에 의해 훈련된 기술입니다. 질주할 때는 가장 빠른 자연적인 걸음 법을 사용하는데, 이 방법은 경마에도 쓰이며 네 가지 박자를 가집니다. 황야에서 위험을 느낀 말 한 마리가 질주하게 될 거예요. 초원을 가로질러 자유롭게 뛰어가는 말을 감상해보세요....

따뜻한 햇볕 아래 있던 암말은 지평선에서 뭔가를 감지합니다.

언덕 꼭대기에 검은 말이 함께 놀기를 원하는군요.

별 관심이 없는 밤색 말은 빠른 걸음으로 걷기 시작합니다.

확 트인 초원으로 나가...

말의 자연적인 걸음에는 네 가지 방식이 있습니다. : 걷기, 빨리 걷기, 달리기, 질주하기

그리고 달리네요.

두 다리를 땅에 거의 함께 내딛습니다.

그러나 그중 하나는 1초 차이로 뒤따라옵니다.

앞발도 같은 방식으로 달립니다.

질주하고, 질주하고, 또 질주합니다.

밤색 말은 다시 혼자가 되었네요. 원치 않는 수말을 떼고 행복하게 풀을 뜯으며 하루를 보내는군요!

이슬비 마시는 숲속 이끼

생명 가득한, 숨 쉬는 숲의 심장은 이끼라고 불리는 식물에 의해 보호된대요~

나무와 바위들의 카펫이 되고 숲의 마루가 되어주는 이끼는 바람과 비로부터 흙을 보호해준답니다. 물을 마시고 습기를 머금고, 여러 식물이 번성할 수 있도록 땅을 비옥하게 유지해줍니다.

이끼는 민달팽이와 쥐며느리와 같은 곤충들의 집이 되어주기도 합니다. 일반적인 나무와 다른 방식의 줄기들을 가지고 표면에서 물을 섭취하며 생장하여, 무리를 지으며 번식합니다. 나무를 따라 성장하거나, 숲의 땅을 덮으며 뻗어 나가는, 참으로 아름다운 연둣빛 이끼인데 그냥 지나치곤 해왔네요. 지금, 울창한 숲속에서 일어나는 신비로운 마법을 감상해보세요....

기나긴 겨울이 지나고 봄이 찾아왔습니다.

건조해져 동그랗게 말린 오습의 이끼가 혹독한 겨울 날씨에 의해 굳어 버린 채 기다리고 있네요.

비가 오네요!

이끼는 지구의 첫 번째 식물 중 하나라고 합니다. 공룡보다 더 오래 되었을 거래요!

봄의 이슬비가 이끼의 잠을 촉촉이 깨우고 있네요.

작은 잎들이 시원한 공기와 습기를 향해 기지개를 펴며, 빗방울들을 반겨줍니다.

깊이 들어 마시며...

빗방울들을 흡수합니다.

숲속 동물들이 봄비를 즐기기 위해, 이끼 카펫을 부드럽게 밟으며 나오고 있네요.

행복하게 비를 마신 뒤 이끼가 가장 잘하는 일을 하고 있네요. 바로, 습기를 머금어 숲을 먹여주는 것이랍니다.
숲의 고요한 영웅인 이끼는, 다시 한번 비 오는 날을 머지않아 반갑게 맞이하게 될 거예요.

날아라 무당벌레

귀엽게만 보이는 조그마한 무당벌레지만, 기가 막힌 비행사래요.

무당벌레가 비행하는 모습을 관찰하다 보면, 우주선이 이륙할 때, 카운트하는 것처럼 보이기도 합니다. 강력한 한 쌍의 뒷다리에 힘을 실으면, 최고 시속 60km로 날며 초당 85번 날개를 퍼덕일 수 있습니다.

천천히 이륙하며, 살며시 깜찍하게 빨간 껍질 부분, '겉 날개'가 열리더니 공중으로 진입하게 할 강력한 두 날개가 모습을 드러냅니다. 한 쌍의 단단한 날개 덮개는 복부와 연약한 몸을 감싸 보호하는 기능도 있습니다. 세계에서 가장 사랑스러운 딱정벌레의 비행을 감상해보세요....

차분하게 잠시 기다렸다가, 숨은 날개를 펼치기 위해 겉 날개를 엽니다.

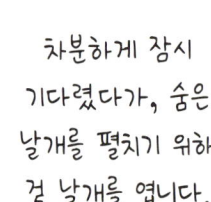

따뜻한 햇볕을 찾아 작은 무당벌레 한 마리가 나뭇가지 길을 따라 기어가고 있는 아침입니다.

사냥을 나갈 거예요. 옆 나무에서 먹음직한 진드기들을 찾을 거랍니다.

연어가 돌아올 때

가을빛을 머금을 즈음에는 자연의 위대한 여행 중 하나인 연어의 여정이 시작된대요~

대서양 연어는 어린 시절, 시원하고 잔잔한 강과 개울에서 지냅니다. 점점 자라면서, 바다를 향해 헤엄쳐 나오게 되고, 어른이 되면 파도치는 바다를 헤엄치며 살게 된답니다

몇 년 후 충분히 성숙하게 되면, 태어난 강과 개울이 있는 고향으로 돌아가기 위한 여행을 시작합니다.
여기, 알을 낳기 위해, 굶주린 포식자들을 피해 수천 킬로미터를 헤엄치는 모험을 하는 연어들이 있습니다.
이 과정은 '산란기'로 알려져 있습니다. 몇 주는 걸릴 연어의 여정에 함께해보세요....

비가 내려 강물의 수위가 높아지면, 성장한 연어는 태어난 강으로 돌아가기 위한 여행을 시작합니다.

과학자들은 연어가 태어난 곳으로 돌아가는 길을 찾기 위해 지구의 자기장을 이용한다고 합니다.

놀라운 후각과 선천적으로 지니고 있는 항해 감각을 이용하여, 세차게 뛰어오르고
도약 할 수 있을 만큼 빠른 최고 속도로 출발하기 시작합니다.

곰이네요! 세차게 뛰어올라, 얕은 강의 잔잔한 물속으로 진입합니다.

여기 암컷 연어가 '산란 구역'으로 불리는 둥지를 짓고 있습니다.
강줄기 바닥, 자갈과 물풀 사이에 만들고 있네요.

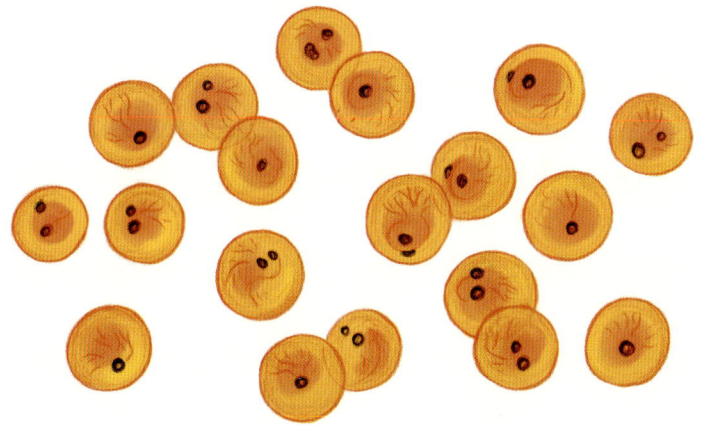

알을 낳았습니다. 어떨 땐 5,000개가 넘는다네요!

수컷 연어가 알을 수정시키더니, 어린 연어들이 태어날 수 있도록,
여러 주 동안 포식자로부터 알들을 보호합니다.

산란기가 끝난 많은 연어는 이곳에서 생애를 마치게 된답니다.
자라고 있는 연어들은 바다로 가는 동안 말이지요.

거위들의 비행

세계에서 가장 큰 캐나다 거위는 아주 큰 소리로 "꽉, 꽉, 꽉!" 울어 대죠~

물 활주로를 따라 질주하다 공중으로 이륙한 물새들이,
장관을 이루며 조직적이고 능숙하게 떼를 지어
날아가는 것을 보세요.

이 새들은 완벽한 'V' 대형으로 날아가며 먹이와 더 따뜻한 날씨를 찾아 매년 이동한답니다.
비행 중일 때는, 교대로 돌아가며 길을 인도합니다. 맨 앞에서 공기의 흐름을 가르며 날던 대장이 지치면,
맨 뒤로 이동하고 다른 거위가 대장을 맡습니다. 겨울을 나기 위해 남쪽으로 떠나는 거위들을 감상해보세요....

"꽉, 꽉, 꽉!" 시끌벅적한 거위들 속에서 쉼 없이 한 마리 수컷이 울고 있네요.

가을이 무르익었네요. 따뜻한 환경으로 떠날 시간이라고 하네요.

그 거위가 가슴을 일으켜 세우고,
날개를 퍼덕여 모두를 집중하게 하더니,
이동을 서두르라고 하네요.

울 표면 위를 큼직하게 펴진 발로 달리더니...

날아오릅니다!

꾸이익, 꾸이익. 꽉! 꽉!

쫓아 오라는 외침에 따라, 나머지 우리가 가까이 붙어 뒤따라갑니다. 어느새, 모두 길을 떠나고 있네요.

완벽한 'V' 대형으로 하늘에 줄지어 가며, 따뜻한 나라로 날아가고 있습니다.

산토끼와 배고픈 여우

멋진 겨울 나라에 꼭꼭 숨어 있는 산토끼가 천적의 눈에 띄지 않기 위해 위장을 하네요~

토끼보다 약간 커다란
산토끼는, 긴 뒷다리와 큰 귀
그리고 겨울 부츠 같은 털로
덮힌 발을 가지고 있답니다.

여름 동안 산토끼는, 산속을 어슬렁거리는 많은 천적으로부터 몸을 숨겨주는, 얼룩진 밤색 털옷을 입습니다. 겨울이 오면, 그 털옷은 눈과 구분이 되지 않을 정도로 눈부시게 새하얀 색으로 변신합니다. 노 젓듯 움직이는 산토끼의 발이 미끄러지듯 조용히 깡충거리며 하얀 풍경을 가로질러 갈 거예요. 여우로부터 도망쳐 달아나는 작은 토끼 한 마리의 움직임을 지켜보세요....

저녁노을이 비추자, 수염을 실룩거리여 산토끼가
집 밖으로 톡 튀어나옵니다.

배고픈 여우가 아침 식사용 사냥감으로
산토끼를 점 찍었군요.

배고파 깨어났기에 먹이가 될 만한 나무와
식물들을 찾아 나설 준비를 하네요.

빽빽한 숲속에 숨어, 천천히… 맛있게 야금야금 먹고 있는 토끼에게 살금살금 다가갑니다.

조금씩 가까이 더 가까이 다가가더니, 이윽고…

확 덮치네요! 눈치 옷 채게 거의 잡은 듯한데, 다행히도 토끼의 집이 가깝습니다.

눈 속을 순식간에 지그재그로 질주하더니…

> 낮의 길이가 짧은 겨울엔 토끼의 갈색 털이 털갈이하게 됩니다. 그리고 하얀 털이 새로 나게 되지요.

이제 안전해졌네요. 아무리 애써도 여우는 토끼를 잡을 수 없을 거예요. 또 실패했네요!

물총새의 물고기 사냥

작은 찌르레기보다 더 작은, 물총새는 그 이름처럼 살아간대요~

화사한 색 옷을 입고, 공기 흐름을 타는
뾰족한 부리를 지니고, 최소한의 물을
튀기며 번개 같은 속도로 잠수합니다.

좋아하는 먹잇감은 피라미처럼 작은 것들이겠지만, 기꺼이 자신보다 크고 무거운 물고기를 사냥하기도 한답니다.
물총새는 개울 둑의 모래흙 안에 구멍을 파고, 먹이를 찾기 위해 앉아 망보기 좋은, 물가의 나뭇가지와 통나무를
이용하여 둥지를 짓습니다. 가족을 키우고 둥지를 지키면서, 매일 여러 마리의 물고기를 잡습니다.
눈 깜짝할 사이에 물고기로 가득한 강물 속으로 뛰어 들어가는 물총새를 지켜보세요....

통나우에 걸터앉아 점 찍은 물고기를 쳐다보고
있습니다. 머리를 까닥이기 시작하네요.

강 위로 날아가 머리를 완전히
고정한 채로 맴돌여 조용히 날개를 파닥입니다.

물총새 부리의 디자인은 초고속 열차 디자인이 흉내 낼 만큼 기발하답니다.

눈꺼풀은 감고 부리는 살짝 연 채로, 머리를 넣으며 수직으로 잠수합니다.

첨벙!

깜짝 놀랄만한 물살이 일어나네요.

피라미가 반응을 보이기도 전에, 물총새가 잡아채 버립니다.

자리로 가져와서는 게걸스럽게 먹어 치우네요.
금세 다시 다이빙할 거예요....

105

들쥐의 저녁 식사

들쥐는 노련하고 민첩하게 기어오르는 동물이래요~

들쥐는 다섯 번째 다리 같은 튼튼한 꼬리를 이용하여 호밀, 작물이나 꽃들의 줄기를 타고 오를 수 있어요.

단번에 꼭대기에 올라, 앞발로 이삭을 잡더니 이빨로 껍질들을 벗기네요.
주로 초식인 이 쥐는 기특하게도 일 년 내내 추수를 해낸답니다!
봄에는 풀과 덤불의 싹 그리고 꽃의 꿀을 먹고, 여름이 오면 애벌레 같은
작은 곤충뿐 아니라 밀 같은 작물의 씨앗이나 알곡을 먹을 거예요. 가을이 오면
딸기나무 사이에서 바쁘답니다. 자, 여름날의 만찬을 구경해 볼까요?

여름입니다. 어린 들쥐 한 마리가 먹이를 구하여 하루를 보내고 있네요.

꼬리를 줄기에 감고 올라가고 있어요. 호밀 꼭대기에 닿을 때까지 올라갑니다.

들쥐의 꼬리는 '잡는 꼬리' 랍니다. 다른 발들처럼 물건을 쥐거나 잡기 좋게 잘 적응되었지요.

여름 산들바람을 맞으여 들판을 살피고 있네요.

뒤로 갔다... 앞으로 갔다... 하면서요.

이빨로 호밀의 알곡을 분리하기 위해, 앞발로 낱알을 잡습니다.

껍질을 벗기더니, 우적우적 갉아먹네요. 음~ 맛있다!

하늘 위 올빼미에게 잡힐 위기에 있습니다. 어서 내려가야 해요!

꼬리로 줄기를 잡아가여, 아래로 내려가더니, 안전한 풀숲으로 돌아왔습니다. 먹이를 더 찾으러 가야겠어요!

진주 품은 굴

굴은 딱딱한 껍질 속에 귀한 보석, 우아한 빛의 진주를 숨기고 있대요~

진주의 생애는,
굴이 껍질 속으로 들어온
작은 기생충 같은 침입자를
감지해낼 때 시작됩니다.

굴 껍데기 안쪽은 진주의 어머니라고
알려진 '진주층'으로 되어있습니다. 자신을
보호하기 위해, 굴은 진주층으로 침입자를 감싸고,
층층이 덮으며 천천히 쌓아 나갑니다. 몇 해를 걸쳐,
해마다 더 매끄럽고 동그랗게 자라나는 진주가 만들어집니다.
차가운 바닷속에서 태어나는 진주를 감상해보세요....

굴이 딱딱한 껍데기를 우아하게 열었다 닫았다 하고 있네요.

물풀을 뜯다가, 친구인지 적인지 알 수 없는 것을 강하게 감지합니다.

딱!

어라? 아니군요.

그런데 다시 입을 열었을 때, 원치 않는 무언가가 안으로 들어오고야 말았습니다...

정말 짜증 나는 것이 들어왔네요! 진주 보호층으로 그놈을 감싸기 시작합니다.

한겹 한겹 층층이 덮습니다.

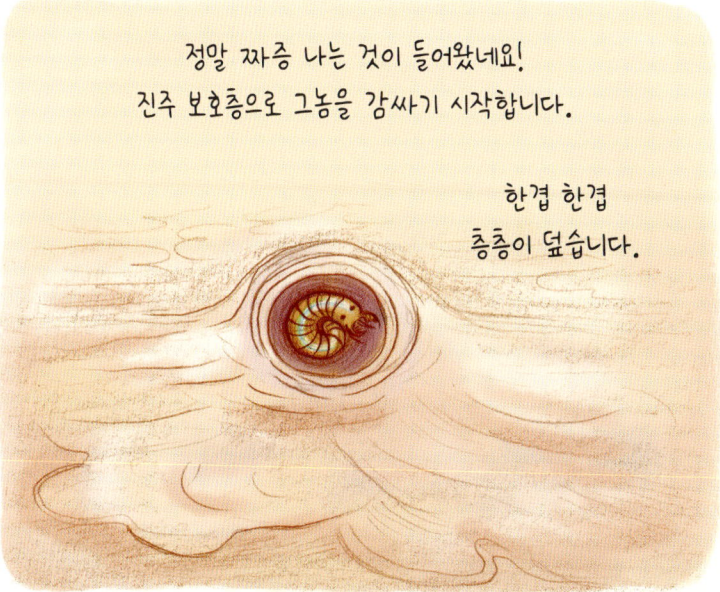

수년이 지나고 나니, 작고 매끄러운 진주가 되었네요.

굴은 바다의 '연체동물' 가족입니다. 어떤 연체동물이든 껍질이 있다면 진주를 만들 수 있답니다. 조개나 홍합도요.

초대하지 않은 손님으로 진주를 만들어내다니 정말 놀랍지 않나요?

늑대의 울음소리

밤의 그림자가 다가오면, 숲의 늑대들이 깨어난 대요~

등골이 오싹해지는 늑대들의
울음소리는 그들의 대화랍니다.

울음의 몇 가지 의미 :
무리에게 만나자고 부르는 소리
무리에게 자신의 위치를 알리는 신호
다른 동물들과 거리를 두기
위해 알리는 경고

일반적으로 알려진 것과 다르게, 늑대는 어떤 밤이든 울어댑니다. 보름달 뜨는 밤에만 우는 게 아니랍니다! 오늘 밤, 잠들기 전에 늑대 한 마리가 무리를 부르는 것을 지켜보세요....

땅거미를 넘어 밤으로 들어설 즈음, 어린 회색 늑대 한 마리가
그의 무리보다 조금 늦게 잠에서 깨어났군요.

간신히 보일까 말까 한 안개 자욱한 밤,
휘영청 뜬 달이 숲속을 비추고 있습니다.

아~~울!

울음소리가 골짜기 아래를 지나 멀리, 넓게 퍼져나갑니다.

"Ahoooo!"

울음소리가 골짜기 아래를 지나 멀리, 넓게 퍼져나갑니다.

먼 거리에 있는 우리가 이 울음소리를 듣고 신호를 다시 보냅니다.

"아~~울!" 우리의 엄마가 대답하네요. "아~~울!"

그녀의 어린 새끼들도 함께 "아~~울!" 합창하듯 울어 대네요.

어린 늑대는 그 울음소리를 들으여, 방향을 잡아냅니다.

뛰어난 후각을 이용하여, 우리에 금방 합류했네요. 이제 먹잇감을 찾기 위해 어두운 밤을 헤쳐 나아갈 거래요....

오늘도 천천히

이제 자연에서 일어나는 많은 일을 알게 되었나요?

지금부터는 자연을 스스로 경험할 시간입니다.

이 아침, 밖으로 사뿐히 나아가 펼쳐지는 자연과 만나보세요.

바라보는 대로 어떻게 풍경이 달라지는지 감상하며,

몸을 감싸며 다가오는 소리를 느껴보세요.

앉거나 누워서 따라 해보세요.

크고 깊게 숨을 들이켜고 내쉬어 보세요.

눈을 감는 것도 좋습니다.

손가락과 발가락을 꼼지락거리며 움직여보세요.

부드럽게 바람에 흔들리듯 머리를 흔들어보세요.

무엇이 들리나요?

나뭇잎들이 바스락거리나요...

새들이 지저귀나요...

개구리가 개울에서 울고 있나요...

무엇이 느껴지나요?

햇살이 얼굴을 안겨주나요...

바람이 머리를 간지럽히나요...

풀숲이 따뜻이 감싸주나요...

다시 숨을 크게 쉬여, 팔을 쭉 뻗고
아침을 맞이해 보세요.

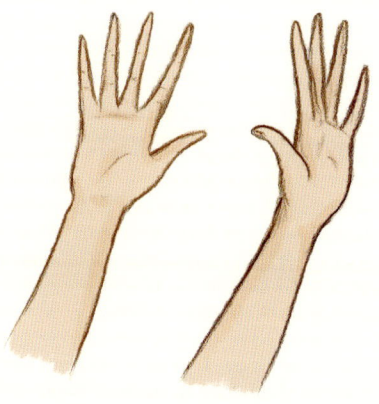

새로운 날이 다가와 꼭 안아 줄 거에요.

천천히 자연속으로
자연과 친구 되는 50가지 이야기

글 : 레이첼 윌리암스
그림: 프레야 하타스
옮김 : 이소을

펴낸날 : 초판 1쇄 2021-07-01
　　　　초판 2쇄 2024-05-30
펴낸곳 : 상상박스
펴낸이 : 오준우 | 마케팅 : 최재원
주소 : 경기도 고양시 일산서구 호수로 838번길 55-10, 1층
전화 : 031-911-5055
팩스 : 0505-464-0205
등록 : 제410-25100-2009-000025호
ISBN : 978-89-98325-39-8 (73400)

Slow Down©2020 Magic Cat Publishing
Text©2020 Rachel Williams
Illustrations©2020 Freya Hartas
First Published in 2020 by Magic Cat Publishing Ltd
Unit 2, Empress Work, 24 Grove Passage, London E2 9FQ, UK
Korean translation copyright©2021 sangsangbox
This Korean edition was published by agreement with
Lucky Cat Publishing Ltd through The ChoiceMaker Korea Co.

이 책의 한국어판 저작권은 초이스메이커코리아를 통해 저작권사와의 독점 계약으로 상상박스에 있습니다.
저작권법에 의해 한국 내에서 보호를 받는 저작물이므로 무단전재와 무단복제를 금합니다.